学術会議問題

科学を政治に従わせてはならない

深草　徹

はじめに

２０２０年10月１日、内閣総理大臣菅義偉により、日本学術会議（以下「学術会議」という）が推薦した会員候補のうち６名が任命拒否されるという前代未聞の事件が報じられた。この事件は、その後連日メディアに大きく取り上げられ、人々の大きな関心を集めた。しかし、任命拒否後、時日の経過とともに、当事者や学術会議関係者、一部の熱心な人々を除いては、次第に人々の関心が薄れ、忘れ去られていった。日々新たな事件が発生する日常にあって、それもいたしかたないことかもしれない。

そうした状況を横目に見ながら、政府・内閣府は、自民党の後押しを受けて、任命拒否をそのまま放置する一方で、学術会議の在り方に論点をすりかえ、「改革案」の検討を進め、２０２２年12月６日には、「日本学術会議の在り方についての方針」（内閣府）を公表するに至った。その内容は、後に詳述するが、政府はこれをもとに「できるだけ早期に関連法案の国会提出を目指す」ことを打ち出している。一方、学術会議は、12月21日、総会決議を経て、政府・内閣府に再考することを求める声明を発表した。

憲法を暮らしに生かす立場でおよそ40年間弁護士実務に携わってきた元弁護士の筆者にとって、この会員任命拒否とその後の経過（以下「学術会議問題」という）は、憲法と立憲主義を揺るがす大問題であり、傍観者としてやり過ごすことができず、筆者のブログ「ＦＫ元弁護士の雑記帳」で、憲法・日本学術会議法（以下「日学法」という）の視点から、連日のようにこれを論評する記事を投稿し続けた。

本書は、これらの論評記事をもとにして書き下ろしたものである。学術会議が、国からもいかなる政治勢力からも独立し、自由で自主的な存在であり続けられることを強く願い、「科学を政治に従わせてはならない」とサブタイトルをつけた。読者にもその願いを共有していただければ幸いである。

まずは、会員任命拒否を報ずるメディア各紙の報道をもとに、ショートショートを書いてみたのでご覧いただきたい。

＊＊＊＊＊＊＊＊＊＊＊＊＊＊＊＊＊＊＊

某日、Ｓ首相からＫ内閣官房長官に対し、以下のような問いかけがあった。

S首相……元学術会議会長、元学術会議会員もしくは現学術会議会員の肩書で、特定秘密保護法や安保法制に反対したり、憲法9条に自衛隊を明記することに反対したりする意見を表明する人たちがいる。それにとどまらず学術会議は、防衛装備庁の「安全保障技術研究推進制度」に批判的な考え方の声明を出し、これに非協力的姿勢をとっている。会員構成も、旧帝大に所属する者が多く私学や民間企業に所属する者は少ない。会員選考は、閉鎖的で、既得権化していると聞く。学術会議が、総合的・俯瞰的観点から政府に協力的になり、国家に役立つ存在となる必要がある。このまま放置するわけにはいかない。政府が積極的に学術会議を改革していかなければならないのではないかと思う。丁度、今年は、学術会議会員の半数交代の年にあたるが、学術会議会員の任命権は内閣総理大臣にあるのだから、学術会議から推薦のあったとおり全員を任命するのではなく、一部を拒否することで、まず学術会議改革に手をつけたいのだが、どうだろうか。

この問いかけの後、憲法と法律にのっとり、立憲主義、民主主義のルールにしたがって政治を進める立場から想定し得る正しいストーリーは以下のように進まなければならない。

K官房長官……総理、前例にないことをするには日本学術会議法制定やその後の法改正の経過をふりかえり、学術会議会員の選出がどのような考え方で、どのようになされてきたのか慎重に調査し、学問の自由の侵害だとか、思想・良心の自由、表現の自由の侵害だなどという批判が出る余地がないかどうかしっかり検討する必要があります。事務方とも協議しますのでしばらく時間を下さい。

1週間後、K官房長官はS首相に以下のように意見具申した。

K官房長官……1948年日本学術会議法制定の経緯、1983年改正の経緯を、事務方に調べさせてみましたところ、次のようなことがわかりました。

日本学術会議法は、学術会議に政府に対し科学政策に関する勧告を行うなどの重要な職責を与えています。同法は、それらの職責を遂行する目的、さらには学問の自由を尊重するという憲法上の要請から、学術会議の政府からの独立・自主・自律を保障しています。要するに学術会議の完全自治という建てつけがなされています。

学術会議は国の特別の機関で、構成員である会員は特別職の国家公務員ということになりますが、その選出は学術会議に委ねるという枠組みを決め、発足時には、具体的選出方法として選挙制が採用されました。

これは、ほぼ同じ時期に制定された教育公務員特例法で、国立大学の学長を、大学側の選考・申し出に基づき文部大臣が任命するという仕組みがとられているのとも違います。国立大学学長の任命権は、大学の自治の建前から形式的なものだとされていますが、それでも国会における政府答弁で、憲法15条1項による国民の公務員選定罷免権にもとづき、その国民の負託を受けた文部大臣は例外的に任命を拒否できる場合があるという解釈が示されています。しかし、学術会議会員の選出は、もともと選挙制で、政府がこれに関与する余地は全くありませんでした。選挙の結果を受けて、会員選挙管理委員会が当選者に当選証書を交付することにより会員が確定していました。

1983年の法改正で、選挙制の弊害（先端分野や国際的分野で活躍する有力研究者や学界で実績を認められた研究者、若くて有能かつ意欲的な研究者、等が会員に選出されない、研究者の一部に競争と対立を煽る、科学者の中に選挙に無関心な層が増え、立候補者の減少・投票率の低下など選挙は低調になっている、組織力のある者が選挙では有利で会員構成に偏りを生じるなど）を取り除くために、選挙制に替えて推薦制が採用されました。しかし、このときも会員選出を学術会議に委ねるという考え方自体はそのまま維持されました。具体的には、学術会議の推薦に基づいて、内閣総理大臣が任命するというように定められましたが、選考は学術会議に完全に委ね、推薦名簿が提出されればこれをそのまま認めるというものでした。内閣総理大臣の任命は、推薦制に随伴する付随的行為だというのが当時の政府の説明ですし、当時の中曽根康弘首相や所管の丹羽兵助総理府総務長官も任命は形式行為であると国会答弁をしています。ですから学術会議の推薦名簿から一部をはずして任命することはできないと考えられます。

もし総理が、どうしてもそうするべきだとおっしゃるなら、法改正が必要になるのではないでしょうか。

S首相……そうか。実は、私も1983年当時のことを調べてみた。学術会議を政府から独立した民間団体にしてしまおうということも考えられたようだが、世論の反発もあり、あなたの言うような形にとどめたようだ。なかなか難しい問題で、無理すると政府の足をすくわれるということにもなりかねないので、残念だが、今回は諦めて推薦名簿のとおりに任命することにしよう。

しかし、民主主義とは名ばかりに堕し、その形骸化は目を覆うばかりで、国民の政治的無関心化が進み、最近の国会議員選挙の投票率は50％に達するのがやっとという状況が続いている。国民の政治意識も低調で、なんとなく現在の内閣を支持する人が多数を占め、特に若年層ではそれが目立つ。世論調査での内閣支持率の傾向を見ると、何か不祥事が起きて大きな話題になったり、明らかな失政が新聞などで大きく報じられたりすると、一時的に下落するが、1～2か月も経過すると元の木阿弥になってしまう。テレビのバラエティ番組では、大阪弁でさかんにまくしたてるH弁護士やお笑い芸人が巾をきかし、現状肯定の発言に終始し、まじめに政治の現状を批判する人たちにどぎつい言葉を投げつけ、まぜかえしたりするような発言を繰り返している。インターネットのSNS上では、右派的な言論人やそれに追随するネトウヨと通称される人たちが、フェイクニュースを拡散して、人々を混乱させている。人々はますます政治に無関心になり、現状の変革を唱える政治勢力は衰退するばかりである。こんな状況を見て、首相をはじめ政府当局者、与党やその亜流の政治家たちは、国民を軽視し、惰性と慣れあい、忖度と追従、その場しのぎに終始し、国政上の重要課題にまじめに向きあうことはなくなってしまった。こんな状況では、少々荒っぽい無理手であっても平然と打たれてしまう。

S首相の問いかけ後、実際には、次のように進んだ。

K官房長官……承知しました。事務方に調査させます。

K官房長官は事務方トップのS田内閣官房副長官を呼んで、S首相が述べたところを伝えたところ、S田副長官は次のように述べた。

S田副長官……実は、A前総理からもそうしたご要望はうかがっていました。私も、ご要望に沿うべく早速そのスジの者に調査させ、すでに調査は完了しています。実は、今回、学術会議が推薦してきた105名のうちには、政府のやろうとすることに反対ばかりする不届きな輩が6名います。この連中をはずして、こちらで任命決済用の推薦リストを作らせます。学術会議から提出された推薦リストは参考資料として後ろにつけておけばよいでしょう。ぜひ、実行していただきたいと思います。なに、問題がおこれば学術会議はこんなにけしからん組織だ、とネガティブ・キャンペーンをやれば、政治に無関心で、愚かな国民は、すぐ黙り込んでしまうでしょう。国民なんてなんとでもなるのです。すでに、そのための資料も用意しています。

かくしてS田副長官の言うとおりに事務を進めさせたS首相は、6名の任命を拒否した。この6名を任命拒否した事実は、某政党機関紙のスクープ報道を皮切りに、各紙一斉に報道するところとなり、時の大問題となって、当の学術会議、任命拒否された人たち、さらに多数の学術研究団体や国民の中から、学問の自由、思想・良心の自由を侵害し、日学法の趣旨を勝手に変えた立法権簒奪行為あり、許しがたいというS首相批判の声が沸き起り、政府が用意していた学術会議へのネガティブ・キャンペーンも効果もなく、政権の屋台骨が揺らぎかねない事態となった。
国民は決して愚かではなく、健全な批判精神に火がついてしまったようだ。

思わぬ事態にS首相は、うろたえるばかりで、記者会見も行わず逃げまわっていたが、ようやく、質問を予め出させ、追加質問を認めず、たたみかけて追及することができない記者代表インタビューなる記者会見まがいのものをあみだし、逃げ切りをはかろうとした。しかし、S首相は、まともに論点整理もしないまま、「総合的・俯瞰的活動を進めさせるという観点から判断」、「前例踏襲でよいのかずっと考えていた」、「国民には公務員選定・罷免の固有の権利がある」、「学術会議会員は既得権化している」、「会員選考は閉鎖的だ」などと脈絡のない言葉を繰り返し、任命過程についてもあやふやな説明に終始し、挙句の果てに、「自分は最終の任命者名簿しか見ていない」などと口走ったりする始末で、かえって火に油を注ぐ始末。S政権は迷走状態の様相を呈してきた。

＊＊＊＊＊＊＊＊＊＊＊＊＊＊＊＊＊＊＊＊＊＊＊＊＊＊＊＊＊

このショートショート、案外、実話に近いものになっていると言えるかもしれない。登場人物の

S田官房副長官のモデルは杉田和博氏、バリバリの警備公安警察、昔で言えば特高官僚にあたるスジの出身だと言えば、より迫真的な様相を帯びるのでなかろうか。この人には、きっと学問の自由も、思想・良心の自由も、表現の自由も、とるに足らないものなのだろう。

杉田氏の略歴を掲げておこう。

1989年　警察庁警備局公安第一課長
1991年　警察庁警務局人事課長
1992年　警察庁長官官房総務審議官
1993年　神奈川県警察本部長
1994年　警察庁警備局長
1997年　内閣官房内閣情報調査室長
2001年　内閣情報官・内閣危機管理官
2012年　内閣官房副長官
2017年　新設された内閣人事局局長

さて実話のさわりの部分も書いておくこととする。以下のとおりである。

学術会議の会員210名の任期は6年、活動期を1期3年として、3年ごとに半数の105名ずつ改選される。2020年9月末日限りで、2017年10月1日から3年間の活動期（第24期）が終了し、6年の任期が満了することとなる105名（23期～24期会員）に代わって新会員105名（25期～26期会員）が選出され、10月1日から非改選の会員105名（24期～25期会員）とともに次の活動期（第25期）の活動を開始する。新会員の選考事務は、2020年の初頭から始まり、内規にしたがって、約6か月間の選考審査期間を経て、105名の会員候補者推薦名簿が作成され、2020年7月の総会において審議・承認された。そしてその後8月末に、学術会議から内閣府人事課に推薦名簿が提出された。しかし、9月30日作成にかかる内閣総理大臣によって任命・発令される会員名簿には、推薦名簿にあった宇野重規、岡田正則、小沢隆一、加藤陽子、松宮孝明、芦名定道の6氏の氏名はなかった。

注：学術会議が公表した2020年9月末に選出される会員（第25期～26期）の選考スケジュールは以下のとおりであった（学術会議ホームページより）。

1月16日（木）～2月3日（月）　推薦書の提出期間（メール通信サービスの利用）
2月7日（金）　推薦書提出〆切（最終）
2月～5月　選考委員会・分科会による選考
5月～6月　選考委員会による最終調整等の後、会員候補者名簿を幹事会へ提出

6月〜7月　幹事会による審議の後、会員候補者名簿の総会への付議決定
7月　臨時総会による会員候補者の承認
以降　人事上の諸手続↓　10月1日（木）発令（予定）

学術会議関係者は、皆、当然のことながら、全員任命されるものと考えており、任命拒否があり得るなどということは考えも及ばなかったことだろう。候補者として推薦されたことを承知していた松宮孝明立命館大学教授も、当然任命されるものと思い、9月29日には、すでに東京出張の旅費支給手続きを終えていたとのことであるから、同日夜、任命されていないことを知って、さぞ驚かれたことであろう。

10月1日開催の第25期最初の総会では、次期会長を選出することになるが、会員は全員、選挙人・被選挙人となる資格があるので、選挙人・被選挙人資格者リストが、事前に会員及び会員予定者宛てに送られる。それがそれぞれのもとに届いたのは9月29日19時過ぎだったとのことである（高山佳奈子「任命拒否の違法性・違憲性と日本学術会議の立場」、『学問の自由が危ない　日本学術会議問題の深層』晶文社所収）。

こうして9月29日夜、任命拒否という学術会議発足以来の大事件の発生が明らかとなり、10月1日、「しんぶん赤旗」のスクープ記事に始まり、この事件は連日メディアで報じられることとなったのであった。

本書は、学術会議問題について、憲法を切り口として考えられる限り徹底的に法的検討を加え、その本質を解明しようとするものである。最後までお付き合いいただければ、学術会議問題の本質は、せんじ詰めれば、設立以来、軍事目的の研究に厳しい態度をとり続け、2017年には防衛省・防衛装備庁の「安全保障技術研究制度」の実施に対して慎重な姿勢を示す声明を発した学術会議――学術会議設立の精神を守り続けている学術会議――を抑え込み、学術会議設立の精神を廃棄させ、政府の施策や産業界の要求に奉仕する組織につくりかえ、科学者を防衛装備（兵器）の開発・研究に従事させることに協力させようとするあざとい試みであることが、きっとご理解いただけるだろう。

＊＊＊＊＊＊＊＊＊＊＊＊＊＊＊＊＊＊＊＊＊＊＊＊

参考① 会員任命拒否の前段となる出来事

会員任命拒否には前段となる出来事があったことを、各メディアが競って報じている。その概況は以下のとおりである。

※共同通信デジタル版（2020年10月9日）

日本学術会議が2018年に定年退職を迎えた会員の補充をしようとした人事で、学術会議の候補者案に難色を示した首相官邸に対し、学術会議が理由の説明を求めたが「言う必要はない」と拒否され、再三にわたり面会も断られていたことが9日、分かった。当時会長だった山極寿一前京都大学長が証言した。

※東京新聞デジタル版（2020年10月9日）

学術会議元幹部などによると、18年9月付で定年の男性教授の欠員を補うため、選考委員会が候補者を選び、事務局が推薦者名簿を内閣府人事課に持参したところ、官邸側が難色を示したという。学術会議側は会員を選任し推薦する権利は学術会議にあるとして、候補者を差し替えずに名簿を持ち帰った。その後、今回の半数改選まで欠員状態が続いたという。

元幹部は「16年の大西隆元会長の時、補充人事で官邸に複数候補者を示す形が取られた。選考委の中では『ありえないやり方だ』という批判や、『調整するのが当たり前だ』との声もあった。あの時の補充の対応以降、官邸が会議の人事により強く介入するようになった」と話す。学術会議事務局は「1人が欠員になっていたのは事実。選考過程については答えられない」としている。

※朝日新聞デジタル版（2020年10月13日）は、第23期会長をつとめた大西隆東大名誉教授のインタビュー記事を報じた。この中で大西元会長は以下のように語っており、官邸側が学術会議会員人事への介入の始まりとその態様を示す重要な証言である。

「（2016年の会員補充人事について）定年で欠員が出る3ポストについて、各2人ずつの推薦候補を選び、優先順位をつけて名簿を作った。正式に推薦を決める前の段階だ。事務局を通じて官邸に示したところ、2ポストについて、上位に推した候補に難色を示された。下位の候補を推薦するよう求められたが、理由の説明はなかった。難色を示された2人は業績十分だったので驚いたが、議論の末、結局、全ポストについて推薦そのものを見送った」

「（正式な推薦前に必要なポスト数を超える名簿を示したのは）この時が初めてだと思う。それより以前に『次からは、選考の途中で多めの人数の名簿で説明して欲しい』と官邸側から求められていた。求められた時期は覚えていないが、14年の半数交代の人事では求められなかったと記憶しているので、それ以降のはずだ」

「（任期最後の17年秋の105人の交代人事では）16年末ごろに私が官邸を訪れ、選考の方法やスケジュールを説明した。女性の割合を増やす方針であることなども話した。それ以前の補充人事でも『多めの人数の名簿を』と求められていたので、私は推薦候補を最終的に絞り込む前の数人多い段階で選考状況を説明すると言い、官邸幹部も了解した。翌17年6月に、実際に110人超の名簿を示し、このうち学術会議が推薦を希望する105人を伝えた。その後、内部手続きを進め、その105人を推薦し、首相が任命した。学術会議の希望を曲げないために、事前に丁寧に説明した」

※しんぶん赤旗（2021年2月2日）

野党の要求で内閣府が開示した2018年11月13日付「内閣府日本学術会議事務局」名義の文書の作成経過にかかわる合計19通の文書の内容を詳細に報じた。以下はその記事の抜粋である。

・2018年9月12日に行われた学術会議の会員選考委員会議事要旨

委員長（山際壽一氏）「（官邸側から）推薦順位を逆転した方がよいとの話がきた」、「理由については明示されていない」……このあと委員長は、理由なく推薦順位を変えることは「日本学術会議の独立性の観点から困難」と判断し、事務局長に再度官邸側に説明するように指示したが、「先方も強硬」で理由の説明も拒まれたと報告を受けたと説明している。

・2018年9月20日付内閣府学術会議事務局作成の文書（検討過程の未定稿）

「今般、……3名の欠員が出ることとなり……」、「会員の補欠推薦順位に関して、各部（学術会議）と任命権者（首相）の間で意見の隔たりが生じた……」

これらによると第二次安倍晋三政権下（以下「安倍政権」という）で、政府はすでに会員人事への介入を開始していたこと、その態様は極めて陰湿かつ執拗であったことがわかる。残念に思うことは、これらの前段的な会員人事への介入は、それが行われた当時においては、学術会議が一歩退いて対応していたために、一切報道されず、政治問題とならなかったことである。そのような学術会議のあいまいな対応は、菅首相が任命拒否を行った一要因となったと言えるのではないだろうか。

違憲、違法、不当とみられる事態には間髪を入れずオープンな形で異議を申し述べる必要がある。これは鉄則である。

＊＊＊＊＊＊＊＊＊＊＊＊＊＊＊＊＊＊＊＊＊＊

学術会議問題　科学を政治に従わせてはならない　●目次

参考⑥　「ただの戦争放棄」と「特別の戦争放棄」——加藤典洋『9条入門』を読む…202

注：本文中では、肩書・役職を、元、前などといちいち断らないこととする。また敬称も原則として省略する。

第1章　学術会議とは——学術会議設立の精神

はじめに

学術会議は、1948年7月に成立した日学法に基づいて、1949年1月に設立された。その日学法前文をみると次のように書かれている。

日本学術会議は、科学が文化国家の基礎であるという確信に立って、科学者の総意の下に、わが国の平和的復興、人類社会の福祉に貢献し、世界の学界と提携して学術の進歩に寄与することを使命とし、ここに設立される。

わが国は、アジア・太平洋戦争により、アジアの諸国で、2000万人をこえる人々の尊い命を奪い、自らも310万人に及ぶ国民に死をもたらし、それらを倍するに余りある人々に、心身に重い傷を負わせ、死の恐怖、肉親喪失による悲哀、生活基盤の崩壊と飢餓を強いた。わが国は、この戦争において、占領地や植民地で組織的・系統的な非人道的犯罪行為を行った。
わが国に敗戦と国家破綻がもたらされたのは、その当然の報いであった。

文化国家・平和国家建設の願い

戦後、わが国では、こうしたことへの悔恨と痛切な反省の上に立って、再び戦争の惨禍を引き起こさないとの誓いとともに、文化国家、平和国家の建設を希求する声が次第に高まり、それは大きな流れとなって行った。
たとえば戦後二度目の国会である第89帝国議会での1945年12月8日衆議院予算員会の質疑の中で、敗戦に至るまで超国家主義の右翼運動を推進していた無所属倶楽部・中谷武世議員さえも、次のような所見を述べて、首相の見解をただしている。

今後の国家目標として、古い富国強兵の観念などに代えて、武装なき大国の建設、身に寸鉄をおびない高度文化国家の建設を理想とすべきである。武装を解除された日本が、純然たる文化国家として平和的繁栄をとげ、ふたたび一流国家の水準に復興するときに、日本の武装解除は単に日本一国の武装解除に止まらず、やがて世界の武装解除を誘導することになる。

戦争を推進した最高責任者である昭和天皇もいち早く以下のように文化国家・平和国家建設を公

式に宣言することとなった。

【平和確立の勅語（第88回帝国議会1945年9月4日開院式）**】**

朕は終戦に伴ふ幾多の艱苦を克服し國體の精華を發揮して信義を世界に布き平和國家を確立して人類の文化に寄與せむことを冀ひ日夜軫念措かす此の大業を成就せむと欲せは冷静沈着隠忍自重外は盟約を守り和親を敦くし内は力を各般の建設に傾け擧國一心自彊息ます以て國本を培養せさるへからす軍人遺族の扶助傷病者の保護及新に軍籍を離れたる者の厚生戦災を蒙れる者の救濟に至りては固より萬全を期すへし。

（「私は、終戦に伴う多くの苦しみを克服し、わが国の真価を発揮し、信頼を守り道義を果たす努めを世界に知らしめ、平和国家を確立して、人類の文化に貢献することを希求し、ひとときも忘れることなくこの大業を成し遂げようと思っている。そのため、冷静に考え、軽はずみな行動はせず、国外に対しては固く誓約を守り、国同士の親睦を深めて欲しい。国内においては、力をあらゆる方面における建設に注ぎ、国を挙げて心を一つにし、自ら進んで努める姿勢を忘れてはならない。それにより、国家の基本を育てなければならない。軍人の遺族の生活の扶助、戦災傷病者の保護、及び新たに軍籍を離れた人の厚生、そして戦災を被った人の救済にいたっては、もちろん万全を期する」）

【1946年1月1日・人間宣言詔書】

朕はここに誓いを新たにして、国運を開かんと欲す。すべからくこの御趣旨（筆者注：五箇条の誓文の趣旨のこと）に則り、旧来の陋習を去り、民意を暢達し、官民挙げて平和主義に徹し、教養豊かに文化を築き、以て民生の向上をはかり、新日本を建設すべし。

（「私は、誓いを新たにして今後の日本の発展を念願する。万事は五箇条の御誓文に従い、過去の悪しき慣習を取り払い、国民の自由闊達な意見を尊重し、政府も国民も平和主義に徹し、国民の教養を高め豊かな文化を築き、民生の向上をはかり、新日本を建設しよう」）

文化国家・平和国家の建設の願いを体現する日本国憲法——幣原喜重郎の貢献

時の首相幣原喜重郎は、この人間宣言詔書の作成に深く関わり、自らも文化国家・平和国家の建設への思いを強めた。幣原は、自著の中で、敗戦の玉音放送を聞いた直後に、直接、先の戦争を引き起こした者たちの責任を問い、平和を希求する民衆の声を聞き取っていたこと、その声に背中を押され、憲法で、未来永劫戦争をしないように戦争を放棄し、軍備を全廃して、民主主義に徹する旨定めることを決意したことを、明かしている（幣原喜重郎『外交五十年』中公文庫２１８、２１９頁）。幣原の戦後の保守的政治家としての軌跡から、これを信じない人もいるかもしれないが、筆者は、額面どおり受けとめてよいと考える。

幣原は、第一次大戦後の平和・軍縮を求める世界の世論に応えたワシントン軍縮条約の締結に全権委員として参画し、パリ不戦条約締結時に外相としてこれに関与するなど一世を風靡した幣原外交と呼ばれる平和主義・国際協調外交を進めたことで高く評価されるべき人物である。幣原は、戦時中は、平和主義・国際協調主義を忌み嫌う右翼・軍国主義者から排撃され、逼塞した生活を余儀なくされた（笠原十九司『憲法九条と幣原喜重郎　日本国憲法の原点の解明』大月書店、第1章「幣原外交の再評価」参照）。幣原の平和主義・国際協調主義は本物であったと言ってよい。

注：幣原の体験……（1945年8月15日の午後、日本クラブで玉音放送を聞いたあと、帰宅の途次の電車の中）「乗客の中に、三十代ぐらいの元気のいい男がいて、大きな声で、向こう側の乗客を呼び、こう叫んだのである。『一体君は、こうまで、日本が追い詰められたのを知っていたのか。俺は政府の発表したものを熱心に読んだが、なぜこんな大きな戦争をしなければならなかったのかちっとも判らない。戦争は勝った勝ったで、敵をひどく叩きつけているかとばかり思っていると、何だ、無条件降伏じゃないか。足も腰も立たぬほど負けたんじゃないか。俺たちは知らぬ間に戦争に引き入れられて、知らん間に降参する。怪しからんのはわれわれを馴し討ちにした当局の連中だ』と、盛んに怒鳴っていたが、しまいにはおいおい泣き出した。車内の群衆もこれに呼応して、そうだそうだと言ってワイワイ騒ぐ」（前出『外交五十年』217頁）

幣原は、自ら首班を務める政府の中枢部の人達や議会の主流を占める保守的・現状維持的勢力に取り囲まれていた。幣原は、彼らの抵抗を防ぎつつ「憲法で、未来永劫戦争をしないように戦争を放棄し、軍備を全廃して、民主主義に徹するように定める」という決意をどのように実現するか思いをめぐらし、マッカーサーの権威を借りるという奇策に打って出た。それは、1946年1月24日のマッカーサーとの会談での戦争放棄・平和国家の宣言を憲法に書き込むことをマッカーサーに提案し、力添えを得るということであった。

この考え（筆者注：戦争放棄と天皇は国政に関与せず、象徴的地位にとどめるという考え）は僕だけではなかったが、国体に触れることだから、仮にも日本側からこんなことを口にすることはできなかった。憲法は押しつけられたという形をとった訳であるが、当時の実情としてそういう形でなかったら実際にできることではなかった。そこで僕はマッカーサーに進言し、命令として出してもらうように決心したのだが、これは実に重大なことであって、一歩誤れば首相自らが国体と祖国の命運を売り渡す国賊行為の汚名を覚悟しなければならぬ。

幣原は、かつて秘書をつとめ、衆議院議員であった平野三郎の問いに答えて、このように語っている（「平野三郎供述録取書」『日本国憲法　9条に込められた魂』鉄筆文庫所収）。この思い切った奇策により、戦争放棄・戦力不保持を謳う第9条や前文などを持つ徹底した平和憲法を導き出すことができたのである。

注：幣原のこの供述は、平野の「よく分りました。そうしますと憲法は先生の独自の御判断で出来たものですか。一般に信じられているところは、マッカーサー元帥の命令の結果ということになっています。尤も草案は勧告という形で日本に提示された訳ですが、あの勧告に従わなければ天皇の身体も保証できないという恫喝があったのですから事実上命令に外ならなかったと思いますが」との問いに対する答えとして述べられている。

日本国憲法と学術会議

こうして制定された日本国憲法は、比喩的に言えば人権と民主主義を基礎にした文化国家・平和国家建設の設計図である。

さて、本章冒頭の日学法の前文に戻ることとする。文科省のホームページに『学術行政体制の改革と発展』と題する文書がアップロードされている。そこには以下のように書かれている。

敗戦を契機として、学術体制についても民主的改革を求める運動がまき起こった。この運動は、昭和21年3月、学術研究会議部長会が、当時のわが国の学界の中心的な機関である帝国学士院（のち22年12月、日本学士院と改称）、学術研究会議及び日本学術振興会の三団体の改組案を文部大臣に建議したことを発端とし、24年1月「日本学術会議」の設立となって結実したものである。

戦後、全国の科学者の中から、戦時中、なすすべもなく戦争に動員されるにまかせてしまったことに対する痛切な反省とともに科学者を戦争に動員する役割を担った「学術研究会議」、「帝国学士院」及び「日本学術振興会」の三団体の在り方に対する批判が噴出し、新たな民主的な科学者の代表機関設立の要求が沸き起こった。それは、全国の各分野の研究者から民主的に選出された108人の委員で構成する『学術体制刷新委員会』に結集され、そこでの討議を通して、科学者の内外に対する代表機関として、新たに全国各分野の科学者から民主的に選出された210人の会員で構成する学術会議が新しく制定される日学法に基づいて設立される運びになった。その際、運動を担った科学者たちのよりどころは、文化国家・平和国家を高らかに謳いあげた日本国憲法であった。日学法は、閣法として国会に提出されたが、実質的にはそうした科学者の運動がなしとげた自主立法であったと言ってよい。このことは記憶にとどめておいていただきたい。

そこで、こういうふうにまとめることができるのではなかろうか。すなわち日学法前文は、科学者の総意として、文化国家・平和国家建設を高らかに謳いあげた日本国憲法を学問・研究の分野で具体的に生かし、実践することを宣言したものであると。学術会議設立の精神は、まさにここに凝縮されている。

第2章　学術会議の職務の独立性、会員人事の自律性と学問の自由

1　「学術研究会議」の教訓

日学法前文にあるように科学が文化国家の基礎となり、わが国の平和的復興、人類社会の福祉に貢献するには、科学研究に従事する人たち、つまり科学者コミュニティを構成する人たちは、決して時の政治権力の意のままになるようなことがあってはならない。

第一次世界大戦後の１９１９年、ブリュッセルで万国学術研究会議（International Research Council）が設立された。わが国では、この新しい国際機関に対応する国内機関として、「学術研究会議」が創設された。

「学術研究会議」は、学術会議の原型ともいわれる組織で、文科省のホームページに掲載されている『学制百年史』の第五章第二節二項には次のように記述されている。

学術研究会議は「文部大臣ノ管理ニ属シ、科学及其ノ応用ニ関シ内外ニ於ケル研究ノ聯絡及統一ヲ図リ其ノ研究ヲ促進奨励スル」ことを目的とし、また、これに関し各大臣の諮絢《じゅん》に応じて意見を述べ、あるいは建議を行なう機関とし、その会員は100人以内、学識経験のある者から任命することとした。このようにして学術研究会議は、わが国学術の代表機関として、万国学術研究会議ならびにその傘下の各種の専門別の学術連合（Union）への代表派遣、国際的協力研究事業への参加とその推進、各専門分野別に論文を集録した二四種にのぼる欧文輯報の刊行等、帝国学士院にかわって、わが国学術の国際的な活動の中心機関として重要な役割を演じたのである。

「学術研究会議」創設当時、国内で進展していた大正デモクラシーの影響もあって、当初は、「学術研究会議」の会員選考も活動も政府から一定の独立性を認められていた。

しかし、わが国が軍国主義とファシズムに突き進む中で、1933年の瀧川事件や1935年の天皇機関説事件など、学問・研究が、その内容そのものを理由に、政府及びそのよって立つ軍部・右翼によって攻撃にさらされることとなったが、こうした動きに呼応するように、「学術研究会議」は、次第に政府からの独立性を奪われ、1943年には、科学研究を戦争に動員するための国策機関と位置付けられるに至ってしまった（小森田秋夫『日本学術会議会員の任命拒否』花伝社、93頁）。

科学者は、軍部、右翼及び政府による恫喝と威迫と同調圧力によって追い立てられて、ある者は軍事研究と戦争に動員され、ある者は沈黙と逼塞を余儀なくされて行った。

この歴史的事実は、科学者が時の政治権力の意のままになることがどのような事態をもたらすのか赤裸々に示すものである。この教訓から、戦後、科学者は、二度とこのような事態を起こさないようにすることを悲願とし、立ち上がったのであった。

2 職務の独立性と学問の自由

(1) 学問の自由の制度的保障である日学法の諸規定

日学法第2条、第3条は以下のように定めている。

第2条 日本学術会議は、わが国の科学者の内外に対する代表機関として、科学の向上発達を図り、行政、産業及び国民生活に科学を反映浸透させることを目的とする。

第3条 日本学術会議は、独立して左の職務を行う。

一 科学に関する重要事項を審議し、その実現を図ること。

二 科学に関する研究の連絡を図り、その能率を向上させること。

前述の科学者の悲願は、この第3条の「独立して左の職務を行う」との文言に具現されている。ただ忘れてならないことは、学術会議の職務の独立は、単に科学者の悲願の具現であるというだけではなく、憲法第23条所定の学問の自由の要請するところだということである。そのことを少し立ち入って見ておくことにする。

日学法第1条が以下のように定めるとおり、学術会議は、国の機関（内閣府設置法第40条3項所定の「特別の機関」）である。

2項　日本学術会議は、内閣総理大臣の所轄とする。
3項　日本学術会議に関する経費は、国庫の負担とする。

しかし、同時に、科学者の代表機関であり、科学の向上発達を図り、行政、産業及び国民生活に科学を反映浸透させることを目的とする組織であるから、学術会議は上意下達の組織ではなく、科学者コミュニティの学問の自由を保障することの上に成り立つものでなければならない。そこで、日学法は、職務の独立性を明記することにより、政府の指揮・命令が及ばないこと、政府がその運営に介入してはならないことを明確にしたのである。これは科学者コミュニティを構成する科学者個々人の学問・研究の自由の制度的保障である。

(2) 学問の自由の深層

学問の自由を俗流に解釈して、それは研究者個々人の権利であって、学術会議の組織・運営に関していかに定めるかということは学問の自由とは関係がないと言う人がいる。そしてそのように言う人は、その延長線上で、国の機関である組織体にあっては、政府の指揮・命令が及ぶような仕組みとなっても、それはやむを得ないことだともいう。

なるほど個々人が学問・研究する自由は、憲法第19条の思想・良心の自由、第21条の表現の自由等があればそれで十分であるとも言えそうである。仮に学問の自由を憲法に定めるとしても、個々人の権利であることを明らかにすることはできる。現行憲法制定過程をふりかえってみると、GHQ草案第22条では「学究上ノ自由及職業ノ選択ハ之ヲ保障ス」となっていたし、日本政府が1946年3月6日公表した「帝国憲法改正草案要綱」でもこれに相当する第21項では「国民ハ凡テ研学ノ自由ヲ保障セラルルコト」となっていた。これらで想定されている学問の自由は、科学者個々人の学問・研究の自由というレベルにとどまっていたと理解できる。

しかし、4月17日に発表された「帝国憲法改正草案」（第90回帝国議会に提出された政府原案）の第21条（審議過程で条文の追加があり憲法成文では第23条となった）では、「学問の自由は、これを保障する」と書き改められた。それはなぜだろうか。実は、「帝国憲法改正草案要綱」が公表された時点から「帝国憲法改正草案」発表までの1か月余りの間に、わが国政府の法制局とGHQ民政局のそれぞれの担当者間で何度も折衝が行われているのであるが、4月2日、法制局の入江俊郎長官、佐藤達夫次長らとGHQ民政局次長チャールズ・L・ケーディス、同局員アルフレッド・R・ハッシーらとのやりとりの中で、日本側の、アカデミック・フリーダムには、個人の学問の自由の他、たとえば大学の自由・自治などを含むのかとの問いに対し、ハッシーは明確にそうだと答えている（佐藤達夫『日本国憲法成立史』第3巻、有斐閣、２９３頁）。おそらくはこのやりとりを踏まえて、そのように書き改められたのであろう。この文言の変更により、この条項に深みと広がりがもたらされたと言ってよい。すなわち学問の自由は単に個々人の学問・研究の自由にとどまらずその制度的保障にまで広げ、深められたのである。

よって、この草案どおり成文化された第23条にいう学問の自由は、個々人の学問・研究の自由のみならず、大学の自治など個々人の学問・研究の自由の制度的保障も含まれると解するのが相当である。

(3) 日本国憲法に学問の自由が定められた事情

学問の自由は、どこの国の憲法にも定められているわけではない。たとえばアメリカ合衆国憲法には学問の自由の条項はない。それは科学者コミュニティとその中心である大学が、もともと国家との関わりなく形成されたという特殊性があり、国家からの干渉、介入を防ぐために学問の自由を憲法で定めなければならない現実的必要性はなく、思想・良心の自由、表現の自由だけで十分だと考えられたからである。

一方、日本国憲法で、なぜ、学問の自由が定められているのかと言えば、直近においてそれが蹂躪された歴史を持つがゆえに、特に定める必要があると考えられたからである。この点に関し、芦部信喜は、「学問の自由を保障する規定は、明治憲法にはなく、また、諸外国の憲法においても、学問の自由を独自の条項で保障する例は多くはない。しかし明治憲法時代に、1933年の瀧川事件や35年の天皇機関説事件などのように、学問の自由ないしは学説の内容が、直接に国家権力によって侵害された歴史を踏まえて、とくに規定されたものである」と説明している（『憲法新版補訂版』岩波書店、54頁）。

わが国においては、学問の自由は、単に個人の自由を超えて、制度的保障の確立がなされなければならないというこの特殊事情を理解しなければならない。

関連してもう一つ重要なことを指摘しておきたい。

憲法に学問の自由条項を持つ国々というのは、学問研究機関、とりわけ大学の主要な形態がドイツ型（ドイツをはじめ、オーストリア、スイス、オランダ、北欧、ロシアなど）である。これらの国々では、大学の施設は公の営造物であり、教職員の人件費・物件費などが公費（税金）によりまかなわれている。したがって、これらの国々では、この面からの公権力の介入・統制が避けがたいものとなる。一方、これらの地域の大学の歴史をひもとくと中世、近世において、大学は、学問共同体として成立し、大学人はその学問共同体の構成員であったことが確認できる。大学を意味する「ユニバーシティ」の語源はラテン語のウニヴェルシタスであるが、これは人々の集合体とか組合という意味であった（山口裕之『「大学改革」という病　学問の自由・財政基盤・競争主義から検証する』明石書店、42頁以下）。近代に入ると、国家によって大学が設置・運営されるようになったのであるが、そうなってからも、学問共同体は解体することなく存続し、大学及び大学人の実践を通じて学問共同体への公権力の介入・統制は排除されるべきだとの法意識・法規範が形成された。そのような法意識・法規範が成立していたから、憲法に学問の自由が定められることになったのである。

このことを学術会議になぞらえれば、学術会議設立時、国の機関として設立されるが故に、科学者コミュニティの自律的実践を通して日学法を制定させ、学問の自由の制度的保障として職務の独立をかち取ったものと言ってよいだろう。そのこと故に、内閣総理大臣の所轄の下におかれるけれどもその指揮・命令は及ばず、同じく内閣総理大臣の所轄の下におかれた「科学技術行政協議会」を通じて政府と連絡・協議をするにとどまり、政府からの独立性を確保する仕組みが作られたのである。

注：科学者と科学者コミュニティ

科学者とは何か、科学者コミュニティとは何かを論じ始めるとなかなか難しい。本書では、人文・社会科学（法律学、政治学、文学、哲学、社会学、歴史学など）、生命科学（医学、農学など）、理学・工学等の研究に専念する人たちを科学者と呼び、そうした科学者が構成する観念上の社会を科学者コミュニティということとする。この意味の科学者は、通常○○学会・××協会など学術研究団体に所属し、所属学術研究団体が学術会議協力研究団体であるときには学術会議と紐付けられるほか、学術会議会員、連携会員となることにより、あるいはこれら学術会議会員・連携会員と提携・交流することを通じて学術会議と直接・間接に関わりを持つことになる。

1983年改正前の日学法第17条では、会員選挙の選挙権・被選挙権を有する者を科学者の一部に限定していた（「①学校教育法又は旧大学令による大学卒業後2年以上の者、②旧専門学校令による専門学校、旧師範教育令による教員養成諸学校又はこれらの学校と同等以上の学校、養成所等を卒業後4年以上の者、③その他研究歴5年以上の者」）。また2004年改正前の日学法第17条も会員資格を定めていた（「その専門とする科学又は技術の分野において5年以上の研究歴を有し、当該分野における優れた研究又は業績がある科学者」）。現在は、そのような形式的な制約はない。

2022年総務省科学技術調査によれば、企業、非営利団体・公的機関、大学等で研究活動に従事する研究者は、98万3604人とされており、これにより本書では科学者の数を100万人程度と想定しておくこととする。

＊＊＊＊＊＊＊＊＊＊＊＊＊＊＊＊＊＊＊＊＊＊＊＊＊＊＊

参考②　瀧川事件と天皇機関説事件

瀧川事件は忌まわしい事件あるが、京都大学の自由で、反中央、反権力的気風・学風の象徴する事件として語られることも多い。ことの起こりは、本当はもう少し遡るのであるが、世に語り継がれる瀧川事件なるものは、斎藤実元朝鮮総督・海軍大将を首班とする斎藤内閣の時代に発生した京都大学法学部教授瀧川幸辰に対する弾圧と大学側の抵抗、挫折のてん末をさしている。事件発生前数年の歴史を振り返ってみると以下のとおりである。

1930年4月　日英米仏伊5か国の補助艦の保有上限を定めるロンドン軍縮条約調印。調印をめぐって、海軍内で、軍令部が反対を表明したが、調整が行われ結果、最終的に海軍一致して調印を承認するに至った。この報告を受けた政府（浜口雄幸首相）は、閣議決定のうえ天皇に上奏、裁可を得て、これを調印した。ところが調印後、海軍は強硬派（艦隊派と称される）のつきあげで、政府が軍令部を飛び越して条約調印の上奏をして裁可を得たのは軍令部固有の上奏権を侵害し、結果的に天皇の統帥権を干犯したという理屈で、政府攻撃を始めた。政友会・右翼はこれに呼応して政局化させることを目論み、政府を攻撃した（大江志乃夫『天皇の軍隊　帝国陸海軍の特質と全貌』小学館、181頁以下）。

1930年11月　浜口首相狙撃事件

1931年9月　柳条湖事件・満州事変勃発

1932年2・3月　血盟団事件

1932年5月　5・15事件／犬養毅首相殺害→斎藤実内閣発足

1933年3月　国際連盟脱退

この3年ほどの間に、軍部・右翼が躍進し、政治を左右することがとみに目立ち始めた。大正デモクラシーは一転して昭和反動へと暗転し、1918年、政友会・原敬内閣発足以来維持されてきた本格的政党内閣も終焉を迎えることになってしまった。政友会は、まるでその墓堀人の役を買って出たかのようであった。

1933年4月、内務省は、瀧川の著書『刑法講義』及び『刑法読本』の内容が自由主義的ないし皇室への批判を含むものだとして出版法に基づき発売禁止処分とした。これは当時、右翼・国粋主義の理論家として脚光を浴びていた蓑田胸喜がこれらの著書の根本思想がマルクス主義的だと言いつのり、行政処分を要求していたことによるものである。翌5月、鳩山一郎文相が、京大総長に瀧川の罷免を要求したが、京大総長及び京大法学部教授会はこれを拒絶した。これに対し、鳩山文相は文官高等分限委員会の決定を受けて文官分限令により瀧川を休職処分とし、これを強行した。瀧川の休職処分と同時に、京大法学部は教授ら全教官が辞表を提出して抗議したが、他学部の教官たちはほとんど動かず、結局、瀧川、末川博ら6教授の免官、その他恒藤恭らの辞職という形で幕が引かれた。

政府・文部省が瀧川の処分を強行したのは、大学の自治、学問の自由を唱え、反権力的とみなされていた京大を国家に従順な大学にするという意図があったと指摘されている。

天皇機関説事件は、憲法学の支配的な学説であった天皇機関説（憲法学者・宮沢俊儀は、その著『天皇機関説事件（上）』有斐閣、6頁において、「国家学説のうちに、国家法人説というものがある。これは、国家を法律上ひとつの法人だと見る。国家が法人だとすると、君主や、議会や、裁判所は、国家という法人の機関だということになる。この説明を日本にあてはめると、日本国家は法律上はひとつの法人であり、その結果として、天皇は、法人たる日本国家の機関だということになる。……これがいわゆる天皇機関説または単に機関説である」と要約している）と、これを信奉する官僚たちが攻撃されるという不可解かつ異常な事件であった。その不可解、異常ぶりは、瀧川事件後のわが国の右傾化、ファッショ化の進展度合いを示すものと言ってよいだろう。

1935年2月18日、貴族院本会議で、菊池武夫議員は、当時、退官して貴族院議員となっていた美濃部達吉（東京帝国大学名誉教授）の説く天皇機関説を国体に背く学説だとして、美濃部を「学匪」、「緩慢なる謀叛人」と罵る演説をし、貴・衆両院有志懇談会を主導して天皇機関説排撃決議をさせた。これに対し、岡田啓介を首班とする政府は、当初、天皇機関説の当否は学者にまかせるべきだと微温的態度を示した。しかし、菊池演説をきっかけに軍部・右翼による天皇機関説への攻撃が激化し始めると、25日、美濃部は貴族院本会議で「一身上の弁明」を余儀なくされた。それでもおさまることなく3月に入ると、衆議院では菊池が天皇機関説問題を蒸し返し、議会外では右翼勢力による機関説討伐運動が行われるようになった。

これに乗じて衆議院では政友会が、美濃部の師で、天皇機関説を自らも唱えていた枢密院議長一木喜徳郎や、美濃部学徒である法制局長官金森徳次郎らを攻撃し、失脚させ、岡田内閣倒閣に持ちこもうと策動した。事態の進展に驚いた政府は4月9日、出版法に基づき、美濃部の著書『憲法撮要』『逐条憲法精義』『日本国憲法ノ基本主義』の3冊を発売禁止処分とし、「国体明徴に関する政府声明」（国体明徴声明。第一次は8月、第二次は10月）を出し、天皇機関説は国体の本義に反すると断じた。

美濃部は、不敬罪で告発されたが、その取り調べにあたった思想検事に対し16時間にも及び自説を詳しく述べた。結果は、起訴猶予処分であった。

美濃部は、9月18日、貴族院議員を辞職。刑事事件で起訴猶予となったが、翌年2月21日、国が処罰しなければ俺がやるとばかりに右翼壮士が美濃部を銃撃し、右大腿部に貫通銃創を負わせた。

天皇機関説事件から2年、2・26事件を経て、1937年3月、文部省は先の国体明徴声明を踏まえて「大日本帝国は、万世一系の天皇皇祖の神勅を奉じて永遠にこれを統治し給ふ。これ、我が万古不易の国体である。」などとする『國體の本義』を策定、全国の教育機関に配布した。日中戦争が始まったのは、その後まもなくの同年7月のことだった。

天皇機関説事件は、科学者の世界を震撼させた。わが国は、軍国主義、ファシズムにひた走り、科学者のみならずすべての国民が、アジア・太平洋戦争へと駆り立てられた。

瀧川事件の主人公、瀧川は、決して左翼思想の持主ではなく、謹厳な一刑法学者であった。戦後、瀧川は、京大総長時代に左翼学生と対決し、保守・反動の痛罵を浴びせられことになったのは歴史の皮肉である。

また天皇機関説事件の主人公、美濃部も、よく知られているように帝国憲法の改正、日本国憲法制定に一貫して反対するなど旧体制派の人物であった。

二人とも時代の波に翻弄されたと言えるが、このように学問が政治権力や社会的勢力から攻撃される時代が二度とこないことを切に願うものである。

＊＊＊＊＊＊＊＊＊＊＊＊＊＊＊＊＊＊＊＊＊＊＊

3　会員人事の自律性

(1) 選挙制

学術会議の政府からの独立性の確保は、会員人事において最も厳しくその成否が問われることになる。すなわち会員人事の自律性を確保することができるかどうかが学術会議の政府からの独立性確保の成否の鍵であり、会員人事の自律性がしっかり確保されていることが、職務の独立性を確保するための必須条件である。逆に、会員人事に政府の意向が反映されることになれば、学術会議の政府からの独立性、職務の独立性は失われ、ひいては学問の自由が危殆に瀕することとなる。

そこで日学法は、会員人事が政府の意向によって左右されないようにすることにとりわけ意を用いた。それは設立当初の日学法第7条を読めばよくわかる。同条は、以下のように定めていた。

1項　日本学術会議は、選挙された210人の日本学術会議会員（以下会員という）をもつて、これを組織する。

2項　会員の任期は、3年とする。但し、再選を妨げない。

3項　（略）

つまり設立当初の学術会議会員は、選挙によって選出されることになっていたのである。会員選挙は、もちろん、学術会議が実施するのであるが、選挙に参加できる者は、日学法第17条で、科学者であって、①学校教育法又は旧大学令による大学卒業後2年以上の者、②旧専門学校令による専門学校、旧師範教育令による教員養成諸学校又はこれらの学校と同等以上の学校、養成所等を卒業後4年以上の者、③その他研究歴5年以上の者、と定められていた。選挙は自由立候補制で、部、専門、地方別に登録した有資格者が有権者となり、直接投票を行った。任期は3年、全員が同時に改選され、再任回数に制限はなかった。

選挙制の下では、当選者は、学術会議内に設置した「会員選挙管理委員会」から当選証書が交付されることにより、会員の地位が確定することとされた。いうまでもなく政府機関の任命行為はなく、会員選出に政府の意向が反映される余地は全くなかった。そういうことであるから選挙制は、会員人事の自律性、学術会議の職務の独立、学術会議の政府からの独立、ひいては学問の自由と最も親和的な制度であった。

注：学術会議の部制

２００４年法改正までは第一部（文学、哲学、教育学・心理学・社会学、史学）、第二部（法律学、政治学）、第三部（経済学、商学・経営学）、第四部（理学）、第五部（工学）、第六部（農学）、第七部（医学、歯学、薬学）の７部制であった。

同改正後は、第一部（人文・社会科学）、第二部（生命科学）、第三部（理学・工学）の三部制とされた。

⑵ 選挙制から推薦制へ

１９６７年10月総会で「軍事目的のための科学研究を行わない声明」採択

学術会議は、１９４９年１月の第１回総会において、「日本学術会議の発足にあたって科学者としての決意表明」を採択し、「われわれは、これまでわが国の科学者がとりきたった態度について強く反省」し、「日本国憲法の保障する思想と良心の自由、学問の自由、及び言論の自由を確保するとともに、科学者の総意の下に、人類の平和のためあまねく世界の学界と提携して、学術の進歩に寄与するよう万全の努力を傾注」する旨宣言した。

１９５０年４月の第６回総会では「戦争を目的とする科学の研究には絶対従わない決意の表明

（声明）」を採択した。

さらに1967年10月の総会において「軍事目的のための科学研究を行わない声明」により「戦争を目的とする科学の研究は絶対にこれを行わない」ことを改めて確認した。

これらのことは第6章で詳しく述べるが、この1967年の声明が出された後、政府の学術会議に対するけん制が、早くも1968年3月に始まっている。文部省が、科学研究費補助金の配分について、それまでの学術会議の意見を反映させるシステムから、学術会議を切り離し、文部省に新たに設置した学術審議会に委ねるシステムへ移行させたのである。

1968年3月9日付朝日新聞社説は「問題は、学術会議を浮き上がらせるかのように、これと対立する学術審議会をつくり、これに短時日に答申を出させ、その実施を強行しようとする文部省の根本的態度である。学術会議は、内閣総理大臣の所轄であり、総理府に属するが、主として基礎的な学術の問題を扱うために、むしろ文部大臣の諮問機関的存在で、事実、文部省は学術会議を大いに利用し、これまでむしろ、協調的ムードであった。それがいま、急に対立的ムードになったのは、いろいろな要素が考えられるが、第一には、科学技術庁の科学技術会議（法律上は首相の諮問機関）に対抗して文部省が強力な諮問機関をつくる必要を感じたことによるのであろう。文部当局は、学術会議の勧告や申入れを具体的に行政にうつすための諮問機関として、学術審議会をつくったと説明しているが、これが20年前に解散した学術研究会議の復活とならなければ幸いである」と書いている。学術会議に対抗して学術審議会を御用機関としようとしていることを危惧しているのである。

参考③において、この当時の学術会議と自民党、あるいは政府との軋轢を、朝日新聞の記事（社説を含む）により追ってみた。

****

参考③　1983年日学法改正に至る経過——朝日新聞記事（社説を含む）から

※1971年4月23日付朝刊

1971年4月、自民党内閣部会が、30件に及ぶ反政府的な政府への勧告や申入れの条々をあげて、「学術会議は偏向している」と学術会議改革に乗り出す意向を表明、これに対して学術会議は、総会において、とりあげられた勧告や申し入れは全て科学者の良心に従い、学問・思想の自由を守るという学術会議本来の使命に即してなされたものだと反論した。

※1974年6月27日付朝刊

政府・自民党の内部に「（学術会議は）政府の機関なのに左に偏向している」との批判が早くから出され、犬猿の仲同然の関係が続いてきた。なかでも米原潜寄港や大学臨時措置法、さらには筑波大学法制定に反対する声明を出すなど政府の政策と真っ向から対立する態度をとってきたことが、政府・自民党を強く刺激してきた。

学術会議を所管する小坂徳三郎総理府総務長官は、政府・自民党の学術会議との対立は好ましいものではないとして、学術会議首脳陣と会談を持ち、政府・自民党と学術会議の和解のための改革案の提案を繰り返している。小坂長官がこうした提案を繰り返す背景には「学術会議のあり方に対して疑問を持ち、危機感を訴える会員も少なくない」という判断があり、学術会議への揺さぶりとする見方もある。

改革の第一弾として、政府・自民党の内部で出ているのは、学術会議会員の選出方法を改めることだ。いまの直接選挙制については、①学会のボス的存在の人物が有能な若手をおさえて当選しやすい、②選挙違反が起きやすい、③望まれている人は立候補したがらず、「政党色の濃い組織をバックにした人がどうしても当選しやすい」といった批判が政府・自民党内には根強い。こうしたことから小坂長官は、学術会議首脳陣に「ひとつの方法として、推薦制にしてはどうか」と打診している。

※1974年8月15日朝刊

学術会議の改革をめざしている小坂総理府総務長官は、14日、学術会議の越智勇一会長らと懇談し、「学術の連続性を保つ意味から会長、部会長などの中心的メンバーは現在の選挙による選出方法を改め、推薦制にしたらどうか」と提案した。

これに対し、越智会長は、「会員の選考方法を変えることは考えていないが、組織面での改革は検討している。」と応じた。

学術会議のあり方をめぐる両者の考え方の違いは大きく、論議はさらに広がりそうだ。

このあとしばらくは大きな動きはなかった。政府・自民党としても攻めあぐねていたのだろう。攻めあぐねの背景には、1970年代まで続いた、社会党、共産党を中心とする全野党共闘と自民党とがそれなりに力の均衡がとれていたという政治的要因があったことが考えられる。しかし、1970年代終わりころから、社会党内でいわゆる右派が台頭し、左派・社会主義協会に対するしめつけが強められ、1979年東京都知事選挙で、社会党、共産党推薦の太田薫元総評議長が落選した後の1980年1月、社会党は、公明党との協力関係を確認する社公合意に踏み切り、これを介して民社党とも連携する社公民路線に転じた。

こうした政治的環境の変化は、相対的に自民党の力を強め、その動きを活性化させることにつながった。周知のごとく、1982年11月には中曽根康弘内閣が発足、中曽根政権は、戦後総決算を呼号し、鈴木善幸内閣の下で始まった臨調行革を中曽根行革へとギアチェンジして加速し、新自由主義と日米同盟強化の道を突き進んだ。

少し戻るが1980年7月、鈴木内閣が発足、中山太郎が総理府総務長官に就任して1年近く経過した1981年5月ころから、中山総務長官が主唱する形で学術会議改革問題がクローズアップされることとなった。これは、上記の如き政治的環境の変化が、しからしめたものと言ってよいだろう。再び朝日新聞記事によってその後の推移を追ってみよう。

※1981年6月27日朝刊

6月26日の記者会見で中山総務長官が語ったことが大きく報じられている。中山発言は以下の二点に及んでいる。

①（スウェーデン、イギリスの学術団体を視察した印象をもとに）「学術会議は欧州の学術団体の間で極めて低い評価だ。……存在さえ知られていないところもあり、運営の見直しが早急に必要だ。

②場合によっては学術会議の運営改善のための会員の選出方法を含め、日学法の改正も検討したい。

この記事では5月29日に行われた衆議院科学技術委員会における自民党の田名部匡省議員と中山総務長官の質疑応答の内容が紹介されている。それによると、田名部議員が、①学術会議会員選挙の競争率をとりあげ、1948年の第1期選挙では4・5倍だったのに直近1980年実施の第12期選挙では1・15倍に落ちている、②その理由は学閥意識が強く若手が立候補しないからだ、③政府への勧告も近年減っているうえ、学術会議にふさわしくないような提言も目立ち、独自性が失われている、などと追及したのに対し、中山総務長官は、これに呼応するかのように「学術会議の組織が旧帝大の学部割りのままになっており、それがふさわしいかどうか検討の余地がある」と学術会議批判の答弁をしている。

※1981年7月16日付朝刊

7月15日、中山総務長官は学術会議の伏見康治会長と会談した。中山総務長官は、6月にスウェーデン、イギリスの学術団体を視察した結果をもとに、学術会議のあり方の再検討を求め、なかでも、学術会議から国際的な会議に派遣される科学者（年間約80人）のうち半数近くが非会員で占められることについて「税金のむだ遣い」として是正を迫っていた。

この日の会談では、国際会議派遣問題では、①8月の国際会議分についてはそのまま認める、②9月以後は非会員の派遣を全面的に禁止し、学術会議各種委員の派遣は、理由書を総務長官に提出、決裁を求める、の二点を合意・確認した。学術会議側は、会員の中に当該国際会議にふさわしい人が得られない場合には非会員の派遣もやむを得ないと反論したが、譲歩を迫られた形となった。

機構改革問題では、会員選挙の問題も含めて学術会議内の改革委員会で10年以上も論議されてきたことからひとまずその内容を中間報告にまとめ、9月末までに総務長官宛て提出することになった。

この記事では、学術会議側の機構改革の検討に関して、会員選挙は全国区と都道府県別の地方区の二本立てで行われるが、1980年12月の選挙では、47地方区のうち43地方区で無投票になるなど一般有権者の無関心や組織票の弊害が指摘されているとして、現在の7部門制を大ぐくりにすること、会員数を増やすこと、地方区の廃止などを検討していく方向であるとの観測がなされている。

※1981年7月25日朝刊

7月24日の学術会議運営審議会で、先に中山総務長官と伏見会長が国際会議への派遣は会員に限るとの合意・確認をしたのに対し、批判が続出した。おおかたの意見は、「学術会議が自主的に決定したことを総務長官が拒否するのは日本学術会議法第3条の『学術会議の独立性』に反する疑いが強いので、派遣者を会員へ変更することはしない」（第2部＝法学・政治学部門）など「合意」に対する強い反発が示された。そして「学術会議は政府から独立しており、総務長官には指揮、監督権はない」との運営審議会としての見解をまとめ、総務長官に送ることが決まった。

会議のあと、伏見会長は、「7月15日の会談では、中山総務長官に一方的に押しまくられたと釈明、早急に同長官と再び会い、学術会議の独立性などについてよく話し合いたい」と語った。

※1981年7月28日社説

中山総務長官の、国際会議への派遣は学術会議会員に限るべきだとする指示に対し、学術会議側が反発し、対立を深めている問題に関し、以下のように論じる（要旨）。

政府と学術会議の対立は珍しいことではない。学術会議は、これまでにも単独講和反対をはじめ、破防法、米原子力潜水艦、大学管理法などで政府の方針に批判的な態度を示してきた。しかし今回は、政府が学術会議の運営のしかたにまで介入した点で従来の対立とは様相が異なる。総務長官の一連の学術会議批判には動機やねらいなど不透明な部分も多い。たとえば海外派遣にしても学問分野の細分化、専門化により210人の会員だけに限定するのは無理だろう。

歴代政府は、学術会議を苦々しく思って権限をそぎ、形骸化をはかってきた。科学技術会議や学術審議会の設置もその一つであり、政府から学術会議に対する諮問も最近は年に1、2件程度しかない。

もちろん、学術会議にも沈滞の責任はある。選挙の競争率もかつては4倍もあったが、昨年の選挙は1・5倍、47地方区の9割までが無投票当選だった。投票率も最近は62・3%しかない。有権者は22万6000人しか登録されていないが、有権者資格を持つ者はこの3倍近くいるだろう。学術会議は、自らの手で改革に取り組んで、かつて原子力利用の「民主、自主、公開」の三原則を掲げたころの活気と指導性を取り戻してほしい。

※1981年10月11日社説

政府が10月9日の閣議で、学術会議の改革について、臨時行政調査会の検討に付する方針を決めたことを、「実に唐突で、理解に苦しむ」として以下のように論じる（要旨）。

「行政改革に聖域はない」と政府はいう。しかし学術会議は年間予算約7億円の政府機関としては極めて小さな組織だ。臨調がメスを入れるべき緊急の対象はほかにいくらでもある。こんなことを決めた背景には、政府・自民党の学術会議に対する感情的ともいえる反発がある。閣議でも「偏ったイデオロギーを持った人しか会員に立候補しない」、「学術会議の実態は、その名にふさわしいか疑問だ」といった意見が次々に出たという。

（「今回の紛争の経緯と問題点」……7月28日の社説とほぼ同旨につき省略）

もし臨調で学術会議改革問題を取り上げるなら、政府がかつて学術会議に対抗して設置してきた科学技術会議や学術審議会なども含めて総合的な見地から科学技術政策にメスをいれてもらいたい。

※1982年2月17日朝刊

自民党日本学術会議関係プロジェックとチーム座長橋口隆代議士は2月16日の同党総務会で、「学術会議は一部偏向したイデオロギーを持つ学者に牛耳られており、改革が必要だ」と決めつけ、「政府の調べた数字」として「会員210人のうち共産党系が62人」にも達すると報告した。非会員の海外派遣問題に端を発した学術会議改革問題は、これまで選挙制度や機構を中心に政府・自民党内の論議が行われてきたが、政府・自民党の真の狙いが「偏向したイデオロギーの排除」――「共産党追い出し」にあることをはっきり示した。総務会のあと、橋口座長は、「政府の調べた数字」がどの政府機関の調べたものかとの記者の質問に「約束があるのでいえない」と名前をあげるのを拒んだ。

※1982年6月21日朝刊

昨年10月、中曽根康弘行政管理庁長官が、参議院内閣委で行政監察することを表明、行政管理庁は、今年2月から5月にかけて特別調査を実施。概要以下のとおりの調査結果を総理府に通知する。

「わが国の科学者は37万人、学術会議の有権者は23万人。7部門制で、各部から30人ずつ会員を選出するが、第2部（法律学等）の有権者は約2500人だが、第7部（医学）は約9万人と不均衡が大きい。民間企業の科学者は17万人だが、会員は2・4％に過ぎない。類似機関として1959年に科学技術会議（首相の諮問機関）、1967年に学術審議会（文相の諮問機関）、1973年に産業技術審議会（通産相の諮問機関）が設けられ、政府の学術会議への諮問数も著しく減り、国際学術交流に占める比重も小さくなった。」

※1982年8月20日朝刊

自民党日本学術会議改革特別委員会（中山太郎前総理府総務長官）は、8月19日、学術会議改革方針として、①国の機関としては廃止する、②仮に存続させるとしても選挙制を廃止、国際会議への代表派遣、研究費補助金の配分など実務的機能は日本学術振興会や学術審議会に移す、という二本立ての提言をまとめ、近く宮沢官房長官、田辺総務長官に報告するとしている。

提言は、今月中旬、田辺総務長官が、学術会議改革問題の私的諮問機関「日本学術会議に関する懇談会」（座長・吉識雅夫宇宙開発委員会委員長代理）を発足させ、①学術会議の他の科学技術関係機関との間での位置づけ、役割はどうあるべきか、②会員の資格や構成はどうあるべきか、③それらにふさわしい会員選出システムはどういうものか、の3項目について諮問したが、自民党特別委員会の提言により、論点の調整が問題となってくる。

＊＊＊＊＊＊＊＊＊＊＊＊＊＊＊＊＊＊＊＊＊＊＊

1967年声明後の学術会議攻撃と学術会議改革案の浮上

朝日新聞の記事（社説を含む）によりうかがわれる1967年10月声明後の学術会議に対する政府・自民党の攻撃、揺さぶりの軌跡を要約し、整理しておこう。

1980年代に入ると、自民党は、政府機関（特定することを避けているが、おそらく公安調査庁や警察庁警備局あたりであろう）からの情報をもとにした学術会議＝偏向団体、共産党に牛耳られた存在というレッテルはり、政府機関としての学術会議を廃止するべきだなどという激しい攻撃を続けた。一方、政府は、国際会議への代表派遣という学術会議の専権事項をひねくり回し、自民党の攻撃をバックにして、行政管理庁の特別調査の実施、臨時行政調査会における検討対象とするなど、さまざまな揺さぶりをかけた。これらによって学術会議は翻弄され、対応に時間と労力を費やさせられ続けた。

所管の総理府における学術会議改革案の検討は、これらのことを横目に眺めながら進められた。総理府は、さすがにストレートでラフな自民党の批判とは異なり、実質的にはこれを基礎にしつつも、よりスマートで、外形上はニュートラルな立場を装う形で改革案をまとめて行った。

総理府の改革案は、学問、科学研究の多様化・細分化、とりわけ複合的、学際的領域の出現というような学問・研究の世界の変化に対応しなければ学術会議はその職務を果たし得なくなってきた、などと現状分析をし、複合的、学際的領域から研究に従事する者を会員に選ぶことは選挙では困難である、国際学術団体で活躍している研究者に学術会議の会員になってもらうには選挙では必ずしも制度的にうまくいかない、立候補者数の減少による競争率の低下や無競争当選等好ましからざる状況となっている、などという選挙制の限界、問題点を指摘し、その改善をすることに焦点をあてたものであった。このようにして総理府は、1983年改正法案を取りまとめたのであった（同法案は、1983年4月、国会に提出され、同年11月成立）。

1983年日学法改正の要点

この改正法案の趣旨と改正ポイントは以下のとおりであった（同年4月28日参議院文教委員会における丹羽兵助総理府総務長官の法案趣旨説明より）。

改正の趣旨……昨今の科学の発展には目覚ましいものがあり、学術研究も多様化が進む一方で、学術研究の細分化、専門化も多く見られること。これらの学術研究の進歩発展に対応し、学術会議の目的を果たすこと。

改正ポイント……①学術研究の多様化、細分化等に対応するため、学術会議会員の選出方法を、学術会議に登録された一定の要件を備える科学者の団体を基礎とする研究連絡委員会ごとの推薦制に改める。②学術会議会員となることができる者の資格を5年以上の研究歴を有し、その分野ですぐれた研究または業績がある科学者とすることに改める。③学術会議会員の選出方法を推薦制に改めることに伴い、学術会議に会員推薦管理会を置くこととし、会員の候補者の資格の認定その他会員の推薦に関する事務を行わせる。④学術研究の多様化、細分化等に対応するため、学術会議会員の部別、専門別定員は、政令で定めることに改める。⑤学術会議の職務遂行の充実を図るため、研究連絡委員会等に関する規定の整備を行おう。その他所要の規定の整備を図る。

この改正により第7条は以下のように改められた。

1項　「選挙された」を削除し、その他は従前どおり。
2項　会員は、第22条の規定による推薦に基づいて内閣総理大臣がこれを任命する。

注：改正法の第22条は以下のとおり定めていた。
推薦人として指名された者は、政令で定めるところにより、その指名をした登録学術研究団体の関連研究連絡委員会（当該登録学術研究団体に関連研究連絡委員会が複数ある場合にあっては、その者に係る関連研究連絡委

員会に限る。）である研究連絡委員会（当該研究連絡委員会とその研究の領域が密接に関連するものとして規則で定める他の研究連絡委員会があるときは、これを含む。）を関連研究連絡委員会とする登録学術研究団体から指名された推薦人（当該登録学術研究団体に関連研究連絡委員会が複数ある場合にあっては、当該研究連絡委員会をその者に係る関連研究連絡委員会として指名された推薦人に限る。）と共同して、これらの登録学術研究団体が選定した会員の候補者（当該登録学術研究団体に関連研究連絡委員会が複数ある場合にあっては、当該研究連絡委員会をその者に係る関連研究連絡委員会として選定された会員の候補者に限る。）で会員推薦管理会が会員となる資格を有する者であると認定したもののうちから、会員として推薦すべき者及び補欠の会員として推薦すべき者を決定し、日本学術会議を経由して、これを内閣総理大臣に推薦する。

この規定は非常に分かりにくいが、簡単に言えば①学術会議に登録した学術研究団体（学協会）が会員候補者となるべき者を選定し、推薦人を指名する、②学協会は関連分野ごとに研究連絡委員会をもうける、③指名された推薦人は研究連絡委員会ごとに共同して、関連分野の学協会から選定された会員候補者となるべき者の中から会員候補者を決定する、④このようにして決定された者を学術会議でまとめて内閣総理大臣に推薦する、ということである。

丹羽長官の趣旨説明では、「内閣総理大臣がこれを任命する」と定められた点については何ら触れていない。その理由は、この改正は選挙制を推薦制に変えるだけものに過ぎないので任命行為は形式的なものであることは明らかであり、敢えて触れる必要はない、と考えたものと善解しておけばよいだろう。

この点については、法案審議過程で、野党議員からの質問に対し政府側が答弁する中で、度々触れられることがあったが、各答弁者は一様に形式的任命に過ぎず、推薦どおり任命がなされるとの答弁をしていることは後に第5章で詳しく見るとおりである。

4 小活

このように設立以来ずっと続けられてきた選挙による会員選出方法は、1983年法改正により、推薦による会員選出方法に切り替えられた。しかし、1983年法改正後も、会員の実質的選考は学術会議に委ねられることになり、辛うじて人事の自律性、職務の独立性は維持され、学術会議の独立性、学問の自由は守られる結果となったのである。

学術会議にとっては、受けた傷は最小のものにとどまっており、不幸中の幸いと言ってよかった。一方、政府・自民党にとっては、学術会議を、政府の施策に異議を述べる——とりわけ軍事目的のための研究に反対するような組織ではなく、一般の政府審議会と同様に政府の施策を推進する道具として役立つ組織に変質させる、仮にそれが不可能だとしても学術会議の設置形態を変える、すなわち国の機関としての学術会議を廃止するということを狙っていたのであるが、その狙いは未達に終わってしまったということになる。政府・自民党としては、それはいつか機を見てやりとげなければならない課題であるが、当時の政治状況やマスメディアを含む世論の声などから、当時としてはこれが限度だったのである。しかし、政府・自民党は、決して諦めたわけではなく、捲土重来を期し、再び巡りくる機会を虎視眈々窺うことになったのであろう。先走って言うことになるが、学術会議問題は、そういう長い歴史的背景を持っているのであり、たまたま起きたことではないということを指摘しておきたい。

第3章　会員任命拒否は学問の自由の侵害である

1　菅首相（政府）の弁明

今回の会員任命拒否に関し菅首相が述べたことを、順を追って整理し、菅首相弁明録を作成してみた。以下のとおりである。

菅首相弁明録

①「日本学術会議については、省庁再編の際、そもそもその必要性を含めてその在り方について相当の議論が行われ、その結果として総合的、俯瞰的活動を求めることにした。まさに総合的、俯瞰的活動を確保する観点から、今回の人事も判断した」（10月5日、内閣記者会代表インタビューでの発言）

②「日本学術会議は政府の機関であり年間10億円の予算を使って活動していること、また任命される会員は公務員という立場になるということ、また会員の人たちは推薦委員会などの仕組みがあるものの現状では事実上自分の後任を指名することも可能な仕組みとなっていること、こうしたことを考えて推薦された方をそのまま任命してきた前例を踏襲して良いのかと考えてきた」(同前)

③「民間や若い人、地方の大学からまんべんなく選んでほしい。現職の会員が推薦できる仕組みだと自分に近い人になってしまう。改革する必要がある」(10月26日、NHK「ニュースウォッチ9」での発言)

④「個々人の任命の理由については、人事に関することでお答えを差し控える」(10月28日、衆議院本会議答弁)

⑤「民間出身者や若手が少なく、出身や大学にも偏りが見られることを踏まえ、多様性が大事だという前提に私が任命権者として判断した。」」、「旧帝国大学といわれる七つの国立大学に所属する会員が45%」、「それ以外の国公立大学が17%、私立大学が24%」、「産業界に属する会員や49歳以下の会員はそれぞれ3%以下にすぎない」(10月28日、29日の衆議院本会議、10月30日の参議院本会議での答弁)

⑥「憲法第15条第1項は公務員の選定は国民固有の権利と規定している」、「日本学術会議の会員についても必ず推薦のとおりに任命しなければならないわけではないという点については、内閣法制局の了解を得た政府としての一貫した考えだ」(10月28日衆議院本会議答弁)

⑦「会員約２００人、連携会員約２０００人の先生と関係を持たなければ、全国で90万人いる（研究者の）方が会員になれない仕組みだ」「閉鎖的で既得権益のようになっている」（11月２日衆議院予算員会・自民党議員の質問に対する答弁）

⑧「以前は学術会議が正式の推薦名簿を提出する前に、様々な意見交換の中で、内閣府の事務局などと学術会議会長との間で一定の調整が行われていた」、「推薦前の調整が働かず、結果として任命に至らなかった者が生じた」（11月５日参議院予算委員会・自民党議員に対する答弁）

⑨「（以前は）推薦前において、任命の考え方のすり合わせを行った。それをふまえて、推薦名簿が出てきて、それを受けて任命の考え方をもとに任命を行ったというプロセスだ」（11月６日参議院予算委員会での答弁）

憲法学説においては、一般に、学問の自由の如き精神的自由権の侵害が問題になるときは、この合憲性のテストは厳格になされなければならないと説かれている。

本件会員任命拒否が学問の自由（憲法第23条）の侵害にあたるかどうかは、第一に、それが憲法に適合する法令の根拠に基づくものかどうか（適法性）、第二に、仮にそれがそのような法令の根拠に基づくものであるとして目的・手段において適切・妥当なものだといえるか（適切・妥当性）が検討されなければならない。

菅首相の弁明は雑然としており、非論理的で、理解しづらいところがあるが、以上に従いふるいにかけると次のようになる。

(1) 適法性の主張……内閣総理大臣は、憲法第15条第1項、憲法第65条及び第72条の各規定の趣旨に照らし、行政機関である学術会議に一定の監督権を行使することができる。したがって日学法第17条による推薦のとおり任命する義務があるとまで言えない。これは政府の一貫した法解釈である。——②、⑥、⑧、⑨

(2) 適切・妥当性の主張……総合的、俯瞰的活動を求める観点、大学にとらわれずに、若い人、地方の大学、民間からもまんべんなく会員になれるように会員構成をバランスのとれたものにする観点、会員及び連携会員の推薦によって推薦リストを作成する仕組みになっており、閉鎖的で、既得権益化している現状を改める観点、から6名の任命を拒否したものであり、目的、手段において適切・妥当な任命権の行使だ。——②、③、⑤、⑦

この主張うち、(1)の適法性が認められなければ（つまり法的根拠が存在しないならば）(2)の主張の適否を論ずるまでもなく、今回の会員任命拒否は学問の自由の侵害になるし、(2)の適切・妥当性が認められなければ(1)の主張の適否を検討するまでもなく、今回の会員任命拒否は学問の自由の侵害になる。

政府にとっては、(1)の主張も、(2)の主張も、ともに論証に成功できなければ、今回の任命拒否は学問の自由の侵害だということになる。だが、これから述べて行くように、今回の会員任命拒否は、(1)の主張も、(2)の主張もいずれも成り立たない。だから今回の会員任命拒否は、完全に真っ黒な学問の自由の侵害にあたるのである。

2　適法性の主張について

(1)　2018年11月13日内閣府学術会議事務局見解

法的検討に堪えない見解

適法性の主張に用いられているのは、2018年11月13日内閣府学術会議事務局作成の「日本学術会議法第17条による推薦と内閣総理大臣による会員の任命との関係について」と題する文書（以下「内閣府文書」という）で示された以下の法的見解である。

①日本学術会議が内閣総理大臣の所轄の下の国の行政機関であることから、憲法法第65条及び第72条の規定の趣旨に照らし、内閣総理大臣は、会員の任命権者として、日本学術会議に人事を通じて一定の監督権を行使することができるものであると考えられること、②憲法第15条第1項の規定に明らかにされているところの公務員の終局的任命権が国民にあるという国民主権の原理からすれば、任命権者たる内閣総理大臣が、会員の任命について国民及び国会に対して責任を負えるものでなければならないこと、からすれば、内閣総理大臣に、日学法第17条による推薦のとおりに任命すべき義務があるとまでは言えないと考えられる。

※注　内閣総理大臣による会員の任命は、推薦を前提とするものであることから『形式的任命』と言われることもあるが、国の行政機関に属する国家公務員の任命であることから、司法権の独立が憲法上保障されているところでの内閣による下級裁判所の裁判官の任命や、憲法第23条に規定された学問の自由を保障ずるために大学の自治が認められているところでの文部大臣による大学の学長の任命とは同視することはできないと考えられる。

学術会議設立の経緯、学術会議設立の精神、１９８３年日学法改正の趣旨等を全て無視し、学術会議を一般の国の行政機関と、学術会議会員を一般の公務員と同視するのは粗雑・乱暴に過ぎる。このような粗雑・乱暴な論理により、内閣総理大臣による会員任命は、学問の自由が保障され、大学の自治が認められる大学の学長の任命とは異なるなどとして機械的に憲法第65条、第72条、第15条1項を適用しようとするこの見解は、法的検討に堪えないもので、失当と言わねばならない。

内閣府文書は、この前段部分に続き、後段部分で次のように述べている。

他方、会員の任命について、日本学術会議の推薦に基づかなくてはならないとされているのは、①会員候補者が優れた研究又は業績がある科学者であり、会員としてふさわしいかどうかを適切に判断しうるのは、日本学術会議であること、②日本学術会議は、法律上、科学者の代表機関として位置付けられており、独立して職務を行うこととされていること、③昭和58年の日学法改正による推薦・任命制の導入の趣旨は前述したとおりであり、これまでの沿革からすれば、科学者が自主的に会員を選出するという基本的な考え方に変更はなく、内閣総理大臣による会員の任命は、会員候補者に特別職の国家公務員たる会員としての地位を与えることを意図していたことによることからすれば、内閣総理大臣は、任命に当たって日本学術会議からの推薦を十分に尊重する必要があると考えられる。

（中略）

内閣総理大臣が適切にその任命権を行使するため、任命すべき会員の数を上回る候補者の推薦を求め、その中から任命ずるということも否定されない（日本学術会議に保障された職務の独立を侵害するものではない。）と考えられる。

この後段部分は、一見前段部分と矛盾し、前段よりも任命権の範囲や行使にやや抑制的なニュアンスがあるように見える。しかし、この文書が主眼を置いているのは、後段部分ではなく、前段の「内閣総理大臣に、日学法第17条による推薦のとおりに任命すべき義務があるとまでは言えないと考えられる」と述べている点にあることは、実際に果たした役割を見れば明らかである。

いずれにせよ、内閣府文書は、学術会議の職務の独立を、学問の自由と切り離し、単に日学法によって特別に認められたものだなどと、反憲法的、恣意的かつ形式的文理的解釈を試みているに過ぎず、到底、会員任命拒否の適法性の根拠となり得るものではない。

内閣府文書作成過程の文案の変遷をたどる

ところで、なぜ、内閣府学術会議事務局は、学問の自由を歯牙にもかけないこのようないいかげんな法的見解をこね上げたのだろうか。その謎は、この内閣府文書を作成する過程でつくられた一連の文案（野党の要求で内閣府が開示した内閣府文書の作成経過にかかわる合計19通の文書）をたどることによって解明できる。以下のとおりである。

①一番日付の古い2018年9月5日付文書……「（学術）会議から推薦された候補者について、内閣総理大臣が会員に任命しないことが法的に許容されるか」との問いをたて、「『推薦』という語は……薦められた側を拘束することまで含意《がんい》するわけではない」とか「内閣総理大臣は所轄する立場から責任を負っている……裁量の余地がないとまでは考えられない」などと、1983年法改正時の国会での審議経過を無視し、具体的論証なしで語句の一般的解釈だけによって結論を導き出そうしている。

②9月20日付文書、9月27日付文書……（1983年法改正で選挙制から推薦制に変ったことを念頭に）「会員選考の要件が緩和され……会員選出を外部が確認する必要性はより高まっている」と、1983年法改正時の立法事実、審議経過と相反する認識を示している。

③日付なしの文書……「内閣総理大臣に拒否の権能はないものと解するのが相当である」としつつ「拒否の権能が全くないとまで解することはできない」と前後矛盾したことが書かれている。この文書も他の多くの文書同様、結論部分は黒塗りにされている。

④10月9日付文書では、「実質的な任命権は日本学術会議にあり、内閣総理大臣の任命権は形式的なものとなることが期待されている」としつつ、i.「内閣総理大臣は、会議から推薦された者の任命を行わないとまでは解されない」、ii.「学問の自由は憲法で保障されているところであり」、iii.「学術会議が時々の政治的便宜に左右されることなく……自主性を保つため」、iv.「職務に関して政府等から独立した立場を保証されている」などと書かれている。

⑤10月16日付文書では、④の文書から、iiの「学問の自由は憲法で保障されているところであり」との記述が消され、iii、ivの後ろにiの記述が移され、「内閣総理大臣が日本学術会議に対して一切の人事権を持たないと解することは憲法の趣旨に反している」と内閣総理大臣の権限をより強調する趣旨の文章に変えられている。

⑥10月22日付文書では、④iiiの「学術会議が時々の政治的便宜に左右されることなく……自主性を保つため」との文言が消されたが、「実質的な任命権は日本学術会議にあり、内閣総理大臣の任

命権は形式的なものとなることが期待されている」との文言は残された。

⑦10月30日付文書では、⑥の「実質的な任命権は日本学術会議にあり、内閣総理大臣の任命権は形式的なものとなることが期待されている」が黒線で消された。

⑧11月13日付の最終文書では、⑥の黒線で消された部分は完全に消去され、そのかわりに「内閣総理大臣は……学術会議からの推薦を十分に尊重する必要がある」との文言が置かれ、実質的権限、形式的権限という区別は完全に姿を消してしまった。

この変遷から読み取ることができることは、内閣府文書の見解は、当時、欠員補充をめぐって官邸側と学術会議側の間に生じていた対立――3名の欠員補充人事について、官邸側から定数を上回る数の推薦を求められた学術会議側はそれに応じて定数を上回る推薦リストを提出したが、さらに推薦順位を変更するように指示され、学術会議側が「日本学術会議の独立性の観点から困難」と判断し、これを拒否した（本書冒頭「はじめに」の末尾、参考①参照）――に関し、内閣府学術会議事務局が、官邸側の注文にあわせるように、1983年改正法の立法事実及び国会審議の経過を無視し、憲法及び日学法をねじ曲げ、牽強付会の解釈をこね上げたものだということである。

以上述べたように内閣府文書は、内容において謬論と言わねばならないが、形式的にも問題がある。すなわち内閣府文書は、内閣府学術会議事務局の名称が付されてはいるが、学術会議の幹事会に諮られたことがないことはもちろん、会長をはじめ三役と協議されたこともなく、当時の会長山際寿一は、見たこともない文書だと述べている代物で、事務局幹部が学術会議に隠れ、官邸側に忖度して勝手に作成したものなのである。

政府及び菅首相は、このようなあやしげな内閣府文書を持ち上げ、一貫した法解釈だなどと言ってはばからないのである。

(2) 憲法第65条、第72条、第15条1項は会員任命拒否の論拠になるか

三百代言的解釈の箔付けか

内閣府文書は、憲法第65条、第72条、第15条1項を援用して、「内閣総理大臣に、日学法第17条による推薦のとおりに任命すべき義務があるとまでは言えない」と述べているが、これは不思議な話である。１９４９年1月設立時から１９８３年法改正後の新体制に移行するまでの間、ずっと選挙制によって会員が選出されてきたことは第２章で詳しく見たとおりであるが、その選挙制の下では内閣法理大臣が関与する余地は全くなかった。しかるにそのことをとりあげて、憲法第65条、第72条、第15条1項の趣旨に反するというような議論がなされたことは、選挙制が行われていた34年間、一度たりともなかった。それなのに、会員欠員補充人事に関する学術会議と官邸側の対立に関連して、学術会議事務局が、突如、これらの憲法の条項を持ち出してきたことに誰しも疑問を覚え

るだろう。

察するところ、学術会議事務局幹部は、必要に迫られて仕立て上げた「内閣総理大臣に、日学法第17条による推薦のとおりに任命すべき義務があるとまでは言えない」との結論に、箔をつけるために、これら憲法の条項を持ち出したに過ぎないのではなかろうか。そのことは前に見た最終文書にたどりつく過程の試行錯誤の検討文書のうち最初の9月5日付の文書で、「会議から推薦された候補者について、内閣総理大臣が会員に任命しないことが法的に許容されるか」との問いが立てられ、「許容される」との結論を予め想定した文案づくりがなされていることを見れば、決して的外れの推量とは言えないだろう。

政府によれば、この文書は、内閣法制局の助力を得て作成されたものだということだが、上に述べたように憲法の条項を箔付けに用いる手口は、小官僚たちの三百代言的法解釈の常套手段である。

憲法第65条、72条について

さて憲法第65条は「行政権は、内閣に属する」と定め、憲法第72条は「内閣総理大臣は、内閣を代表して議案を国会に提出し、一般国務及び外交関係について国会に報告し、並びに行政各部を指揮監督する」と定めている。後者の「並びに」以下の部分は前者を受けた具体的規定であるが、これは国の一般の行政機構に対する内閣総理大臣の指揮監督権を定めるものであり、一般の行政機構ではない特別の機関である学術会議にはそのまま適用されるわけではない。特別の機関は、その成り立ち、沿革、目的、機能、位置づけ、憲法の他の条項との関連など千差万別であり、それに応じて内閣総理大臣の指揮監督権が及ぶ範囲もゼロから百まで千差万別なのである。学術会議は、学問の自由を定める憲法第23条、職務の独立性と会員人事の自律性を定める日学法の規定から、内閣総理大臣の指揮監督権が及ぶ範囲はゼロと言ってよい。したがって、憲法第65条、第72条を持ち出しても、学術会議の会員人事について、内閣総理大臣は推薦どおり任命する義務はないなどという結論を導くのになんの足しにもならない。

憲法第15条1項について

それでは憲法第15条1項についてはどうだろうか。憲法第15条1項は「公務員を選定し、及びこれを罷免することは、国民固有の権利である」と定めているが、どうしてこれによって内閣総理大臣の会員任命拒否権の法的根拠になるのだろうか。

2020年10月8日の参議院内閣委員会において、立憲民主党杉尾秀哉議員の質問に対し、内閣府大塚幸寛官房長は、以下のように述べた（同委員会議事録）。

一方で、その憲法第15条第1項の規定に明らかにされているとおり、公務員の選定、罷免権が国民固有の権利であるという考え方からすれば、任命権者たる内閣総理大臣が推薦のとおりに任命しなければならないというわけではない、これは、1983年、昭和58年の法改正によりこの日本学術会議会員が任命制になったときからこのような考え方を前提にしているものでございます。

しかし、１９８３年法改正時、国会では内閣総理大臣の任命の趣旨について何度も質疑がなされ、政府側は何度も答弁を重ねているが、このような趣旨のことが述べられたことはただの一度もない。それどころか逆に推薦のとおり任命されるのだという答弁に終始していたのである。これは後に第５章で詳しくみることにしよう。

大塚官房長は、無造作に、１９８３年法改正により会員選出は任命制になったなどと言ってのけるのであるが、当時の国会答弁では、選挙制から推薦制になったのだと厳密な言いまわしがなされていた。このような言いまわし一つとっても、彼がいかにいい加減な答弁をしているかがわかろうというものである。

さて、古い話であるが、１９６９年7月24日衆議院文教委員会において、当時の高辻正巳内閣法制局長官が、文部大臣に付与された国立大学学長の任命権について、憲法第15条1項に定める国民の公務員の選定罷免権を根拠にして、ごく狭い範囲ではあるが大学側の申し出を拒否できる場合があると答弁したことがある。察するところ、２０１８年9月から11月にかけて、会員の欠員補充人事問題に関連して内閣府学術会議事務局は、内閣法制局とも協議しているはずであるが、その際に、いずれかがこの高辻答弁を発見し、この論理を拝借したのではなかろうか。しかし、この論理を学術会議会員選出に転用することにはいささか無理があった。なぜなら、国立大学学長の人事は当初から文部大臣の任命制だったのに対し、学術会議会員の選出はもともと選挙制であったのだから。前述のとおり、選挙制で会員選出がされていた設立当初から1983年法改正まで、憲法第15条1項に基づき会員選出に疑義があるとの議論は一度もなされたことはない。さらにこれまた前述のとおり、1983年法改正の審議過程でもそのような議論は一度もなされていない。内閣府学術会議事務局と内閣法制局の小官僚たちが鳩首相談して知恵を絞った挙句、ようやく見つけ出した妙案も、畢竟、つけ刃に過ぎなかったようだ。

もっと言えば、もともと憲法第15条1項をここで持ち出そうとしたこと自体、憲法論としてはあり得ないことだった。その意味では、参考④で紹介する高辻内閣法制局長官の答弁もそれ以前の政府側答弁も、実は噴飯ものだったのである。彼らは、憲法第15条1項の根本精神を無視して、あらかじめ決めた結論を説明する道具としてこれを使ったに過ぎなかったのである。こういう説明の仕方を一般に我田引水といい、こういうふうに法を使う人を一般に法匪という。

まず憲法第15条1項について、憲法学者の説くところに耳を傾けてみよう。

「憲法15条1項」に言う公務員とは広く立法・行政・司法に関する国及び地方公共団体の事務を担当する者を意味する。しかし、「憲法15条1項」は、これらすべての公務員につき、その選定及び罷免を直接に国民が行う、という趣旨ではない。選定及び罷免が、直接または間接に、主権者たる国民の意思に基づくように、手続きが定められなければならないとの意である（芦部信喜『憲法新版補訂版』岩波書店、２３４頁)。

憲法第15条1項に定める公務員の選定・罷免権は、公務員の成り立ち・沿革、種類、担当職務の性質、権限、憲法上の他の要請などによって、個別具体的な表われ方は千差万別である。国会議員や地方自治体の首長や議員の選挙、最高裁判所裁判官の国民審査のように選定・罷免に対する国民の意思が直接投票行為を通して表れる場合を頂点として、国民の意思の表れ方は、直接的なものから間接的なものへと、その程度は連続的な階梯をなして下って行き、その底辺においては選任、地位、職務、権限について国民の代表機関である国会が制定する法律に基準をもうけることをもって足りるということとなる。

学術会議は、日学法第2条にあるとおり「わが国の科学者の内外に対する代表機関」であるから憲法第23条に定める学問の自由を享受する主体であり、その制度的保障として職務の独立、会員人事の自律性が日学法により定められている。そのために会員は、特別職公務員（国家公務員法第2条3項12の2号）とされるのであるが、その選定・罷免に対する国民意思の表れ方は、最も間接的なものであることが要請され、国民代表機関である国会の定める法律により選出の要件、基準や手続きを定めることをもって足りるとされ、その基準や手続きを日学法が定めているのである。

学術会議会員の人事について、もし憲法の規定を援用するなら、内閣の事務を定めた第73条の規定のうち、「法律の定める基準に従ひ、官吏に関する事務を掌理すること」との条項（第4号）こそがふさわしく、そこにいう「法律の定める基準」は、日学法に厳密に定められている。したがって、これを厳格に守ることによって憲法第15条1項の趣旨が生かされることになるのである。

さらに敷衍するならば、憲法第15条1項に定める国民の公務員選定・罷免権の精神は、明治憲法第10条で「天皇ハ行政各部ノ官制及文武官ノ俸給ヲ定メ及文武官ヲ任免ス但シ此ノ憲法又ハ他ノ法律ニ特例ヲ掲ケタルモノハ各々其ノ條項ニ依ル」と定められていたことと対比することにより、より深い理解が得られるだろう。憲法第15条1項は明治憲法が定める天皇主権に対して国民主権原理をあらわしたものであり、国家の枢要な地位にあって国政を左右する権限を有する公務員は、国民の選任によらなければならないことを示しているに過ぎないのである。

よって憲法第15条1項を持ち出しても、それは、内閣総理大臣が会員任命を拒否できるとする見解のよりどころになるわけではない。

＊＊＊＊＊＊＊＊＊＊＊＊＊＊＊＊＊＊＊＊＊＊＊＊＊＊

参考④　憲法第15条1項論の出どころを深掘りする

日本国憲法制定後の1949年1月、教育公務員特例法が制定されたが、大学の人事について、同法第4条、第10条で次のように定められた。

第4条

1項　学長及び部局長の採用並びに教員の採用及び昇任は、選考によるものとし、その選考は、大学管理機関が行う。

2項　前項の選考は、学長については、人格が高潔で、学識がすぐれ、且つ、教育行政に関し識見を有する者について、大学管理機関の定める基準により、学部長については、当該学部の教授会の議に基づき、教員及び学部長以外の部局長については、大学管理機関の定める基準により、行わなければならない。

第10条

大学の学長、教員及び部局長の任用、免職、休職、復職、退職及び懲戒処分は、大学管理機関の申出に基づいて、任命権者が行う。

第10条にいう任命権者は、国立大学の場合は、文部大臣である。これらの規定により、国立大学の学長は、大学側が選考し、文部大臣が任命するということになる。これは学問の自由・大学の自治の要請するところを具体化したもので、文部大臣の任命行為は形式的行為に過ぎないと解されていた。しかし、政府・文部省は、国立大学の管理運営を強化する法案をたびたび国会に提出したが、そのたびに学長の任命権の趣旨が議論の対象となった。

1969年、全国の大学で学園紛争の嵐が吹き荒れた。この年、政府・文部省は、大学の管理体制を強化し、学生運動を抑え込むために「大学の運営に関する臨時措置法案」を策定し、国会に提出した。その国会審議の過程で、高辻長官が、文部大臣の有する国立大学学長の任命権の趣旨について以下のように答弁した（1969年7月24日衆議院文教員会議事録）。

高辻内閣法制局長官……申し出がありました者が、何らかの理由で主観的に政府当局の気に食わないというようなことではなくて、そういうことで任命しないというのはむろん違法であると思いますが、そうではなくて、申し出があった者を任命することが、明らかに法の定める大学の目的に照らして不適当と認められる、任命権の終局的帰属者である国民、ひいては国会に対して責任を果たすゆえんではないと認められる場合には、文部大臣が、申し出のあった者を学長に任命しないことも――理論上の問題として私はお答えするわけでありますが、理論上の問題としてできないわけではないと解されるというのが当時の考え方でございます。この考え方は、われわれの考えとして、今日変える必要があろうとは少しも思っておりません。

注：ここで「当時」と言っているのはすぐあとで見る1963年6月4日当時という意味である。

さらに、高辻長官は、これに続けて以下のよう述べている。

高辻内閣法制局長官……憲法15条1項はあらためてここで申し上げませんが、「公務員を選定し、及びこれを罷免することは、国民固有の権利である。」これが、この規定に明らかにされているところの公務員の終局的任命権が国民にあるという国民主権の原理、これをまた同時に、全然無視して考えるわけにいかないと思うわけであります。国立大学の学長も公務員である以上は、終局的には国民の任命権に基づいて任命されている。文部大臣自身も、また国民の任命権に基づいて任命されているわけでありますが、その文部大臣が、学長の任命にあたりまして、たとえいかなる場合であっても、何らの発言権も持ち得ないと解することは、その結果として国会に対しても責任を負い得ない。ということは、国民主権の原理に一顧も与えないことになって、正当ではないのではないか。その意味で、この問題はやはり大学の自治と、それから国民主権とのいずれか一方に偏した見地において考究すべきではなくて、その調整的見地、つまり片方だけに偏してもむろんいけないわけでありますが、その調整的見地において考究すべきではないか。そのような大学の自治と、国民主権の原理との調整的見地において考えてみますと、単に、申し出がありました者が、何らかの理由で主観的に政府当局の気に食わないというようなことではなくて、そういうことで任命しないというのはむろん違法であると思いますが、そうではなくて、申し出があった者を任命することが、明らかに法の定める大学の目的に照らして不適当と認められる、任命権の終局的帰属者である国民、ひいては国会に対して責任を果たすゆえんではないと認められる場合には、文部大臣が、申し出のあった者を学長に任命しないことも――理論上の問題として私はお答えするわけでありますが、理論上の問題としてできないわけではないと解されるというのが当時の考え方でございます。しこの考え方は、われわれの考えとして、今日変える必要があろうとは少しも思っておりません。

たがって、その線に即して、昭和38年に衆議院の文教委員会で申し上げたことを、その後も御質疑に応じてお答えを申し上げておる次第でございます。

国立大学学長の任命に関する高辻長官の説明を要約すると以下のようになる。

① 任命権が実質的に文部大臣にあるわけではない。

② 大学管理機関から教育公務員特例法第10条に基づく申出があった者を任命することが、明らかに法の定める大学の目的に照らして不適当と認められる場合には拒否することも理論上はできないわけではない。

③ 文部大臣の任命権は、その終局的帰属者である国民、ひいては国会に対する責任に果たせるように行使される。その法的根拠は憲法第15条1項である。

この高辻答弁が、2018年11月13日付の内閣文書で述べられている憲法第15条1項論の出どころであろう。

憲法第15条1項により国立大学学長の任命権を基礎付ける論には、高辻答弁でもふれているようにさらに先例があった。いわゆる安保闘争の際に、国立大学が学生運動の拠点となった。そのことに対して、政府・文部省は大いに反省し、改革を急ぎ、学生と大学に対して締め付けと懐柔の策をいろいろ講じようとした。その一策として、1963年、政府・文部省は、「国立大学総長の任免、給与等の特例に関する法律案」を国会に提出したのである。この法案は、国立大学のうち旧七帝大と通称される七大学の学長を「総長」とし、認証官とする、その関係でそれらの任命権者を内閣総理大臣に格上げする、さらにそれら「総長」の給与に特別の手当てを付するという、いわば大学管理強化のアメとムチの策のうちアメに相当する方策を実施しようとするものであったが、結局、反対意見が強く出され、廃案となった。その審議にあたった衆議院文教員会で、国立大学の学長の任命の意義に関して論戦が行われ、政府側は、任命権の趣旨を次のように説明していた（1963年6月4日衆議院文教委員会議事録より）。

小林行雄文部省学術局長……（大学管理機関の）申し出のないものについては任命をするということはないし、また申し出以外のものに文部省のほうで発令行為をするということはないし、また申し出のあったものについても、大体は大学の申し出のとおりに任命するが、万一特別な事由に基づいて申し出のとおりにできない場合に例外としての拒否権がある。しかし、これまで先例となるべき事例はない。

闕道雄内閣法制局第四部長……拒否権というものがあるとすればどういうものかというと、客観的にだれが見ても非常に不適当であるということが――その当該任命権者の政治的な見解であるとか、あるいは思想傾向であるとか、そういうものを超越した分野において非常に不適当なことがもう客観的に明確であるというようなものがあったときにまで任命をしなければならないかといえば、そういうことまで強制されておるわけではない。そういう意味合いにおいて拒否権があるというふうに考えている。そういう範囲を越えて拒否をするということであれば、その処分は違法なものである。

荒木萬壽夫文部大臣……いまおっしゃるように大学の教授をもって構成される教授会ないしは評議会というようなものが、いま法制局からお答え申し上げましたような、だれが見ても客観的に不適任と思われる者を申し出てくるはずはない、私もそう思います。……万に一つも誤った申し出があるはずがないのですけれども、万に一つの場合があった場合、主権者たる国民に対して国会を通じてその選定について責任を負うという道は開かれていなければ、万に一つのわずかのケースではありましても、民主憲法第15条の運用としては法律制度に欠陥ありということが指摘されざるを得ないと思います。……したがって万に一つの場合だけでございますが、その場合に誤った結果が出ても、国民は国会を通じて行政府の責任を問う道が、その部分については閉ざされるわけだろうと思います。それと同時に、申し出どおりに任命したといたしましても、結果的にはいま申し上げるようなことが起こり得るかもしれない。そのことも含めて、あくまでも任命権を付与されております文部大臣が、国民に対して国会を通じて責任を負うという法制が一番整備された法制だと思います。そのことを念頭に置いて定められたのが現行法にいうところの文部大臣の任命権である、そういうことを申し上げておるのでありまして、それ自体学問の自由、それに密着して理解されるところの大学の自治ということを国民に対して完全に責任を果たす必要があればこそ、以上の解釈にしたがって行動することが適切であり、合法的であるということを申し上げておるにすぎないのであります。

これら答弁によれば、国立大学学長の任命について、以下のように要約・整理できる。

① 大学管理機関から教育公務員特例法第10条に基づく申出のあった者以外を任命することはない。

② 申出があった者を拒否することは絶対にないわけではなく拒否権はある。その法的根拠は憲法第15条1項に定める公務員選定・罷免の国民の固有の権利にある。

③ 拒否できるのは客観的に誰が見ても非常に不適当であるということが明確な場合であり、政治的な見解であるとか、あるいは思想傾向であるとか、そういうものを理由とする拒否は違法である。

なお少し話はくどくなるが、現在の国立大学法人法のもとでの国立大学学長の大学側の選考に基づく申し出と文科大臣の任命との関係について、２００３年５月、国立大学法人法案の国会審議において、当時の河村建夫文科副大臣は以下のように答弁している（２００３年５月29日参議院文教委員会議事録）。

河村文科副大臣……通常の独立行政法人では、法人の長は大臣の裁量で任命することになっているわけでありますが、国立大学の学長については、大学の自主性、それから自律性尊重という立場で、学長選考会議の選考結果を大学が申し出て、それに基づいて行う、こうなっておりまして、したがいまして文部科学大臣は、大学の申出に法的に拘束をされて、例えば所定の手続を経ていないとかの申出があった場合に、あるいは学長に誠にふさわしくない著しい非行がある、申出に明白な形式的な違反性がある、そういう違法性があるというような場合、明らかに不適切と客観的に認められる場合、これを除いては拒否することができないと、こうなっておるわけでございます。

河村文科副大臣は、任命は申し出に法的に拘束されると明言した（これは重要なポイントである）上で、箇条書きにすると次の①から③に該当する場合以外は拒否できないと述べているのである。

① 所定の手続きを経ていない申し出があった場合
② 学長に誠にふさわしくない著しい非行がある場合
③ 申出に明白な形式的な違反性がある場合

この河村文科副大臣の答弁は、従来の政府・文部省の説明と同趣旨であるが、より具体的に整理されており、その後、国は、高知大学学長任命取消請求事件（高松高裁）で、裁判所に提出した主張書面で、これをそのまま援用している（中富公一『国立大学法人による学長潜航と文部科学大臣の学長任命権――高知大学学長任命取消訴訟を素材として――』岡山大学法学会雑誌第60巻第1号2010年8月）。

注：国立大学法人第12条（抄）

第1項　学長の任命は、国立大学法人の申出に基づいて、文部科学大臣が行う。

第2項　前項の申出は、第1号に掲げる委員及び第2号に掲げる委員各同数をもって構成する会議（以下「学長選考会議」という。）の選考により行うものとする。

第1号　第20第2項第3号に掲げる者の中から同条第1項に規定する経営協議会において選出された者

第2号　第21条第2項第3号又は第4号に掲げる者の中から同条第1項に規定する教育研究評議会において選出された者

（以下略）

＊＊＊＊＊＊＊＊＊＊＊＊＊＊＊＊＊＊＊＊＊＊＊＊

3　適切・妥当性の主張について

2018年11月13日作成内閣府文書は、内容、形式ともに不可であることを縷々述べてきた。そうなるとこれに依拠してなされた会員任命拒否は、不適法であり、学問の自由を侵害することは明らかである。しかし、筆者は、そこで満足しない。魯迅が、水に落ちた犬は叩け、と言ったようにさらに追い打ちをかけることとする。

政府は、こともあろうに今回の会員任命拒否を、①総合的、俯瞰的活動を求める観点、②大学にとらわれずに、若い人、地方の大学、民間からもまんべんなく会員になれるように会員構成をバランスのとれたものにする観点、③会員及び連携会員が推薦によって推薦リストを作成する仕組みになっており、閉鎖的で、既得権益化している現状を改める観点からやむを得ず行ったもので適切・妥当であるとの主張を垂れ流している。こんなことを黙って見過ごすわけにはいかない。

政府のこのような主張は、１９８３年日学法改正による改革後の学術会議の実情、問題点の有無をめぐってなされた政府機関の検証・検討とそれに基づく２００４年日学法改正、その後のさらなる検証・検討の結果をふまえるならば、暴論、難癖の類と言うほかはなく、今回の会員任命拒否の適切・妥当性を論じようとして、かえってその不当性を際立たせる結果になっている。

(1) ２００３年「総合科学技術会議」提言と２００４年日学法改正

１９８３年日学法改正後の学術会議改革の検証

会員選出が選挙制から推薦制となった１９８３年法改正により、会員推薦手続きは、改正日学法第第17条、第18条、第20条、第22条により、①学術会議に登録した学術研究団体（学協会）が会員候補者となるべき者を選定し、推薦人を指名する、②学協会は関連分野ごとに研究連絡委員会をもうける、③指名された推薦人は研究連絡委員会ごとに共同して、関連分野の学協会から選定された会員候補者となるべき者の中から会員候補者を決定する、④このようにして決定された者を学術会議でまとめて内閣総理大臣に推薦するということになった（第3章3⑵の注を参照）。

その後、いわゆる行政改革の荒波が押し寄せ、中央省庁再編など国の行政機関は大きな変革を迫られた。それに便乗して国の特別の機関である学術会議もやり玉にあげられ、行政改革会議で学術会議改革が検討されることになった。しかし、それは、結局、結論先送りになり、同会議で内閣府に設置することが決められた「総合科学技術会議」（現在の「総合科学技術・イノベーション会議」）に検討が委ねられることになった（１９９７年12月行政改革会議最終報告）。

注：「総合科学技術会議」は、２００1年1月、内閣府設置法に基づき、「重要政策に関する会議」の一つとして内閣府に設置された。同会議の任務は次のように定められていた。

①内閣総理大臣等の諮問に応じ、次の事項について調査審議する。

ア．科学技術の総合的かつ計画的な振興を図るための基本的な政策

イ．科学技術に関する予算、人材等の資源の配分の方針、その他の科学技術の振興に関する重要事項

②科学技術に関する大規模な研究開発その他の国家的に重要な研究開発の評価を行う。

③①のア．及びイ．に関し、必要な場合には、諮問を待たず内閣総理大臣等に意見を述べる。

同会議の議長は内閣総理大臣で、閣僚議員６名、有識者議員７名、機関の長たる議員として学術会議会長

が、それぞれ議員となる。

２０１４年、内閣府設置法の改正により「総合科学技術・イノベーション会議」（Council for Science, Technology and Innovation、略称：ＣＳＴＩ）と名称変更し、任務として研究開発の成果の実用化によるイノベーションの創出の促進を図るための環境の総合的な整備の調査審議、意見具申が追加された。

この会議は、本来、学術会議が政府から独立して行うべき政府の科学技術政策に対する助言・提言・勧告を政府と一体の立場で行う権限を有しており、学術会議の役割を一部はく奪する趣があると言える。

「総合科学技術会議」――『日本学術会議の在り方について』（2003年2月）

「総合科学技術会議」では、約2年間にわたり学術会議の在り方が審議され、２００３年2月、『日本学術会議の在り方について』と題する報告書が作成された。そのうちから学術会議の組織の在り方、会員選出方法に関する提言部分を抜粋すると以下のとおりである（傍線は筆者）。

（組織について）

○日本学術会議は、新しい学術研究の動向に柔軟に対処し、また、科学の観点から今日の社会的課題の解決に向けて提言したり社会とのコミュニケーション活動を行うことが期待されていることに応えるため、総合的、俯瞰的な観点から活動することが求められている。

○したがって、日本学術会議は科学者コミュニティの総体を代表し、個別学協会の利害から自立した科学者の組織とならねばならず、在来の学問体系や諸学問分野の勢力図から離れて組織が構成され、メンバーも選出されるべきである。この観点から、現在の7部制や学協会の推薦による会員選出方法は見直す必要がある。（以下略）

○日本学術会議が、科学的水準の高い提言等の活動を行い、その権威を高め、社会に貢献していくためには、優れた研究者が科学的業績に基づいて会員に選出されることが重要であり、欧米諸国のアカデミーのco－optation方式（現会員による欠員補充）による選出を基本とすることが適切である。また、「連携会員」の導入等により、活動体制の充実を図る必要がある。

（会員の選出方法）

○日本学術会議がその機能を充分に発揮するためには、科学の第一線の状況をよく知る研究者を中心に、科学に関する業績を有し、かつ、科学者コミュニティの代表としての日本学術会議の使命と役割を十分理解している者を会員とすべきである。

○欧米主要国のアカデミーにおいても、会員の資格は優れた科学的業績を有すること等を中心としており、このため現会員による推薦・投票等により会員を選出している。

○日本学術会議においても、現会員による選出（いわゆるco－optation）を基本としつつ、新分野からの選出や多様な会員構成を可能とする方策を組み合わせるなど、適切な選出方法を検討することも考えられる。会員による選出にあたっては、候補者に関する情報を学協会からの提供を含め幅広く収集する工夫、選考基準の明確化などに留意する必要がある。また、科学に関する知識・意見の集約を幅広く行うため、産業人や若手研究者、女性研究者、地方在住者など多様な会員が業績、能力に応じて適切に選出されるようにすべきである。

「総合的・俯瞰的観点からの活動」という言葉がここで用いられているが、それはこれまでの登録学術団体を基盤とした会員推薦システムを改め、学術会議は科学者コミュニティの総体を代表し、個別学協会の利害から自立した科学者の組織とならねばならない、学術会議は在来の学問体系や諸学問分野の勢力図から離れて組織が構成されるべきだという文脈で語られていることに注目されたい。その上で、「総合科学技術会議」は、会員推薦システムを、「現会員による選出（いわゆるco－optation）を基本としつつ、新分野からの選出や多様な会員構成を可能とする方策を組み合わせるなど、適切な選出方法」を検討することを提言したのである。

２００４年日学法改正による会員選考、推薦手続きの変更

以上の提言に基づいて、２００４年に再び日学法の法改正が行われ、現在の会員選考方法であるコ・オプテーション方式が定められることになった。現在行われているコ・オプテーション方式による会員選考は、簡単に言えば、会員、連携会員の推薦をもとに、学術会議協力研究団体から収集した情報を斟酌して「日本学術会議会員候補者選考委員会」によって候補者を絞り込み、推薦者名簿を決定して行く方式である。小森田秋夫元学術会議第一部長は、２０２０年10月１日から２０２６年９月30日まで在職することになる25～26期の会員選考の具体的な進み具合の状況を、以

下のように説明している（小森田・前掲書、21頁）。

選考手続きは、会員・連携会員による推薦と協力学術研究団体による情報提供にもとづく会員候補者のリストアップから始まる。各会員・連携会員は2名ずつの科学者を推薦することができ、第25～26期の場合、約1300名の候補者が挙げられた。また、各協力学術研究団体は6名以内について情報提供を行うことができ、同じく約1000名の情報が集められた（2020年10月29日の記者会見）。推薦書には、推薦理由、候補者の学歴・学位・職歴、専門分野、国内外の所属学会、主要な学術論文・著書・特許等の学術的業績、主要な受賞歴などを記載することになっている。これらの候補者の中から、三つの部ごとの選考分科会、次いで全体の選考委員会による絞り込みが行われる。そのさい、分野横断的分野や新しい学問分野を考慮にいれることを目的として、一定の「選考委員会枠」が設けられている。選考委員会による選考結果を踏まえて幹事会が候補者を決定し、総会で承認したのち、内閣総理大臣に推薦される。連携会員も、ほぼ同様の考え方で候補者が選考され、幹事会の決定にもとづいて会長が任命する。

注：2004年法改正により、従来日学法でもうけられていた登録学術研究団体制度は廃止（それに伴い研究連絡委員会制度も廃止）となり、あらたに日本学術会議会則により日本学術会議協力研究団体制度がもうけられた。

同会則第36条は次のように定めている。

1　学術研究団体及び学術研究団体の連合体のうち、学術会議の活動に協力することを申し出、幹事会で承認されたものに日本学術会議協力学術研究団体（以下「協力学術研究団体」という。）の称号を付与する。
2　学術会議は、協力学術研究団体と緊密な協力関係を持つものとする。
3　協力学術研究団体は、学術会議の求めに応じ、学術会議の活動に協力することができる。
4　協力学術研究団体は、学術会議の求めに応じ、会員又は連携会員の候補者に関する情報等を提供することができる。
5　学術研究団体の連合体たる協力学術研究団体は、学術会議と各学術研究団体との連絡調整を行うとともに、学術会議の各委員会の審議に協力することができる。
6　前各項に定めるもののほか、協力学術研究団体に関する事項は、幹事会が定める。

2004年改正法、改正附則第及び日本学術会議の運営に関する内規等により、会員選考、推薦手続きを要約・整理しておこう。以下のとおりである。

① 選考基準は、「優れた研究又は業績がある科学者」であるかどうかということである。
② その具体的選考は、会員又は連携会員の推薦に基づき、「日本学術会議会員候補者選考委員会」が協力学術研究団体からの情報も得て行う。
③ このようにして選考された候補者を書面により推薦する（日本学術会議会員候補者の内閣総理大臣への推薦手続を定める内閣府令）。

こうして2005年度から、会員は、コ・オプテーション方式、すなわち会員・連携会員の推薦をもとにして選出されるようになったのであるが、それは、第一に総合的・俯瞰的観点からの活動を進めるためであり、第二に会員構成を、科学者コミュニティの総体を代表できるようにするためであり、第三に在来の学問体系や諸学問分野の勢力図から離れて組織できるようにバランスをとるためであったのである。

今回の会員任命拒否が適切・妥当だとして政府が主張する①総合的、俯瞰的活動を求める観点、②大学にとらわれずに、若い人、地方の大学、民間からもまんべんなく会員になれるように会員構成をバランスのとれたものにする観点、③会員及び連携会員が推薦によって推薦リストを作成する仕組みになっており、閉鎖的で、既得権益化している現状を改める観点なるものは、内閣総理大臣が議長をつとめた前記「総合科学技術会議」の提言によりなされた改革の趣旨目的そのものである。その趣旨目的に即した改革がなされ、それに即して行われている会員選考を非難する政府は二律背反に陥っており、言葉は悪いがでたらめだと言わねばならない。

さらに、今回の会員任命拒否が適切・妥当だとする政府の主張のでたらめぶりは、2003年「総合科学技術会議」提言と2004年法改正による改革及びその後の歩みが、政府自ら設置した有識者会議において高く評価を受けていること、さらにその改革は現在も進行中であることなどを見る時、一層、きわだってくる。

注：連携会員について

２００４年改正法により新たに連携会員制度が設けられた。

改正法第15条によると、連携会員は優れた研究又は業績のある科学者のうちから会長が任命すること、連携会員は会員と連携し、学術会議の職務の一部を行うこととされている。身分は非常勤の一般職公務員とされる。現在約２０００名の連携会員が在職している。

(2) ２０１５年「日本学術会議の新たな展望を考える有識者会議」による検証

２００３年「総合科学技術会議」提言に基づいてなされた２００４年日学法改正による２００５年改革以後の学術会議の運営、活動について、同提言で、10年以内に学術会議の設置形態の在り方とともに検証・検討がなされることとされていた。

すなわち、上記提言には、「このような改革の進捗状況を実証的に評価するとともに、この間の社会的な状況や科学者コミュニティの状況の変化等を見極めつつ、上に述べたようにより適切な設置形態の在り方を検討していくことが適当であると考えられる。このため、今回の改革後10年以内に、新たに日本学術会議の在り方を検討するための体制を整備して上記のような評価、検討を客観的に行い、その結果を踏まえ、在り方の検討を行うこととすべきである」との意見が付されていたのである。

この意見に基づいて、２０１４年、内閣府特命担当大臣（科学技術政策）の下に科学者、経済界、報道機関、広報関係機関等の様々な立場の有識者からなる「日本学術会議の新たな展望を考える有識者会議」が設置され、検証、検討がなされた。その結果、同会議は、２０１５年3月、「日本学術会議の今後の展望について」なる報告書を作成、公表した。

注：「日本学術会議の新たな展望を考える有識者会議」のメンバーは以下のとおり。
座長／尾池和夫（京都造形芸術大学学長）、座長代理／羽入佐和子（お茶の水女子大学学長）、委員／安西祐一郎（独立行政法人日本学術振興会理事長）、隠岐さや香（広島大学大学院総合科学研究科准教授、帯野久美子（株式会社インターアクトジャパン代表取締役社長、駒井章治（奈良先端科学技術大学大学院大学バイオサイエンス研究科准教授）、須藤亮（株式会社東芝常任顧問）、田中里沙（株式会社宣伝会議取締役副社長兼編集室長）、畠中誠二郎（中央大学総合政策学部教授）、原山優子（総合科学技術・イノベーション会議議員（常勤））、柳澤秀夫（日本放送協会解説主幹）、吉倉廣（国立感染症研究所名誉所員）

以下に、この報告書から主要な箇所を抜粋してみた（傍線は筆者）。

（活動面における評価）
平成17年改革においては、「第1はじめに」で述べたような科学者コミュニティに求められる役割の変化を踏まえ、日本学術会議が科学の新分野の成立や分野の融合に柔軟に対応し、かつ、緊急課題や新たな課題に機動的に対処できるような組織とすることを意図し、部の大括り化、幹事会の設置、連携会員の創設といった改革が行われた。

改革後、日本学術会議においては、提言等の表出をはじめとする多くの意思決定を幹事会において機動的に行うほか、迅速な助言・提言活動を行う仕組みを整備し、活用してきている。また、組織運営や学問分野毎の審議のために置かれる常置の委員会等に加え、社会の情勢等に応じた重要課題を審議する臨時の委員会等を多く組織し、テーマに応じた分野横断的な会員・連携会員等の参画を得て、従来以上に精力的に審議活動を行ってきている。

これらは、提言等の表出の数の増加、会員等の活動への参画の増加、臨時の委員会の設置数に表れているほか、たとえば、東日本大震災時における緊急提言の発出をはじめとする迅速な対応、研究不正事案の発生を踏まえた時宜を得た見解の提示、といった具体的な成果としても表れている。こうしたことから、日本学術会議の活動面に関しては、平成17年改革による成果が着実に上がってきていると言える。

引き続き、改革により導入された外部評価制度を一層効果的に活用し、さらなる改善を図りつつ、日本学術会議に求められる役割を発揮していくことが期待される。

（組織面における評価）

平成17年改革における組織面の大きな変化は、会員の選出方法が学協会を基礎とする推薦制から日本学術会議が会員候補者を推薦するいわゆるコ・オプテーション方式に改められたことであった。

これについては、学術分野の枠に囚われない多様な観点からの選出に繋がることが期待される一方で、学協会との関係への影響が懸念されたが、平成17年改革の一連の動きやその後の活動に関わった歴代日本学術会議会長、学協会からの意見聴取においては、むしろ変化を前向きに捉えている旨の意見が多く聞かれたところである。平成17年改革後、現行制度の趣旨が最大限に活かされるよう様々な取組を重ね、会員等の属性のバランス等一部にはその成果が表れているところであるが、引き続き、日本学術会議の位置付け、役割に照らして相応しい人材が選出されるよう、弛まぬ努力が望まれる。

（中略）

平成17年改革により定められた新制度は3期余りの活動を経てようやく定着してきたところであり、引き続き、改革の趣旨を尊重しつつ、制度の運用面での工夫を重ねていくことが期待される。

ご覧のように、2003年「総合科学技術会議」提言に基づいてなされた2004年日学法改正後、2005年改革により新たにスタートを切った後の学術会議の組織、運営、活動について、その成果が高く評価されている。箇条書きにしてみると以下のとおりである。

・　幹事会において提言等の表出をはじめとする多くの意思決定を機動的に行い、迅速な助言・

提言活動を行う仕組みを整備し、活用している。

・組織運営や学問分野ごとの審議のために置かれる常置の委員会等に加え、社会の情勢等に応じた重要課題を審議する臨時の委員会等を多く組織し、テーマに応じた分野横断的な会員・連携会員等の参画を得て、従来以上に精力的に審議活動を行っている。

・これらは、提言等の表出の数の増加、会員等の活動への参画の増加、臨時の委員会の設置数に表れている。

・東日本大震災時における緊急提言の発出をはじめとする迅速な対応、研究不正事案の発生を踏まえた時宜を得た見解の提示など、具体的な成果の例である。

・学術会議の活動面に関しては、2005年改革による成果が着実に上がってきている。

・2005年改革後、現行制度の趣旨が最大限に活かされるよう様々な取組を重ね、会員等の属性のバランス等一部にはその成果が表れている。

・2005年改革により定められた新制度は3期余りの活動を経てようやく定着してきたところである。

もちろん、手放しの賛美ではなく、学術会議に対し、改革の趣旨をふまえたさらなる改善努力を求めていることも見落としてはならないだろう。しかし、それはあくまでも学術会議に対する注文であって、政府に介入を求める趣旨ではないことは言うまでもない。

学術会議自身も、現状に安住せず、さらに改善する努力を続けなければならないことを自覚し、現に第23期（2014年10月~2017年9月）の大西隆会長も、以下のように述べているところである。

日本学術会議は三つ目の会員選考制度としてコ・オプテーションにたどり着いたのであるが、この制度も手放しで万能なものとはいえないことである。現役会員が次期会員・連携会員を選考すれば、同質的な集団が再生産されていくという傾向が生ずるのは否めない。科学の研究分野については、かなりの範囲をカバーしているとはいえ、現役会員に少ない、女性の科学者、大都市以外で活動する科学者、大学以外の研究機関等で活躍する科学者、新しく開拓されつつある分野の科学者、さらに若手の科学者等が選ばれにくいと指摘されている。したがって、コ・オプテーションが健全に機能するには、現役会員が自分たちと同質的属性を持つ科学者だけに目を向けるのではなく、広い視野で科学の将来を考えて、我が国の科学者を代表する組織を構成するのにふさわしい科学者を選考していくことが欠かせない。そのためには、学協会からの情報提供制度を十分に活用して、会員・連携会員からの推薦だけではない、より広い範囲の候補者の中から選考することも重要である。（学術会議の準機関誌ともいうべき雑誌『学術の動向』2014／3に掲載された大西隆『日本学術会議と情報発信——歴史的な展開と緊急時におけるあり方』）

学術会議の改革は、2003年「総合科学技術会議」提言で示された方向に沿って、着実に進められ、具体的な成果が表れてきている。そのことを示すほんの一例であるが、会員構成の数字の推移で見てみよう。２０２０年10月29日、会長をはじめ学術会議幹事会メンバーが記者会見を行った際に配布した資料よると、２００５年と２０２０年を比較して、以下のように変化していることがわかる。

・東大・京大に所属する者の比率は、35・２％から24・５％に低下
・関東地方以外の地方の研究機関に所属する者の比率は36・７％から49・０％に上昇
・女性の比率は20・０％から37・７％に上昇
・産業界出身者の比率は２・４％から３・４％に上昇

4 小活

総合的・俯瞰的観点からの活動、会員・連携会員による推薦を基礎とするコ・オプテーション方式による選考、科学者コミュニティの総体を代表し、個別の学協会の利害から自立した科学者の組織及び在来の学問体系や学問分野の勢力図から離れて構成される組織。２００３年「総合科学技術会議」の提言と２００４年法改正でこのように方向づけられた諸改革が着実に成果をあげていることは、政府が設置した「日本学術会議の新たな展望を考える有識者会議」からも肯定的評価がなされていることに端的に示されている。そのことの成果は具体的な数字としてもあがってきている。その上、学術会議自身も、それに安住することなくさらに改革を進めようとしている。

しかるに、それらを一切合切無視して、ほんのかたちだけのものとして規定されたいわば抜かずの刀である内閣総理大臣の任命権をふりかざし、いきなり斬りつけ、大きな傷を負わせた形の今回の会員任命拒否を、適切・妥当だなどと主張することが、どれほど鉄面皮なことかお分かりいただけたであろうか。くどいかもしれないが今回の会員任命拒否が適切・妥当だという政府の主張が、いかにでたらめであるか明らかである。

かくして今回の会員任命拒否は、学術会議の会員人事の自律性、職務の独立性に介入し、これを侵すものであり、憲法第23条所定の学問の自由を侵害するものであることは明白である。

＊＊＊＊＊＊＊＊＊＊＊＊＊＊＊＊＊＊＊＊＊＊＊＊＊

参考⑤　学問の自由・大学の自治――東大ポポロ事件

学問の自由、大学の自治が論じられるとき、東大ポポロ事件を想起する人が多いだろう。実際、どの憲法の教科書にも、学問の自由・大学の自治に関わる裁判例として東大ポポロ事件がとりあげられている。

東大ポポロ事件とは１９５２年２月、東大本郷キャンパス内で、大学公認の劇団ポポロが、松川事件をテーマにした演劇を上演していた際、会場にもぐりこんで情報収集活動をしていた警視庁本富士警察署警備係の私服警察官らを学生らが一時的に退出の自由を奪い、詰問等をした際、学生が警察官らに対し暴行を加えたとして「暴力行為等処罰ニ関スル法律」違反として起訴された事件である。

学生らが、警察官から取り上げ、一時保管した警察手帳には、警察官が継続的に学内に立ち入り、各学部学生大会、各学部自治委員会その他学生らの自主的活動の模様を監視して得た情報、教授の動静や学生の身元調査など広範な事項が記録されていた。

②東京地裁第一審判決（1954年5月11日・無罪　刑集17巻4号428頁）

※第一審東京地方裁判所判決が認定した具体的事実は以下のとおりであった。

・警視庁本富士警察署警備係員A、B、Cは、『東京大学学生新聞』の記事等により、東大法文経25番教室で大学公認の東大劇団ポポロ主催の演劇発表会が開催されることを知り、警備情報収集のため大学構内に立ち入り、入場券を買求めて学生等300人くらいの観客に混じって会の模様を監視していた。

・第1幕が終った際、Aが学生の視線を感じ、退出しようとして教室の後方まで来たとき、当時経済学部学生であつた被告人に腕を掴まれて捕えらそうになったので、これを振りきって逃げ去ろうとして揉み合った。

・「私服がもぐり込んでいる」との被告人の叫び声に駈け寄って来た数名の学生によってAは

捕えられ、20名くらいの学生に取り囲まれた。観客は総立ちとなり、場内は騒然となった。

・学生らは昂奮し、後方にいる者から、捕えられたAがよく見えないので、「前に出せ」等と怒鳴り声が飛んだ。それに応じて数名の学生がAを捕えたまま、同教室の舞台前に連行し、同所に立たせて写真を撮ったうえ、警察手帳の呈示を要求した。Aが「持っていない」と答え、押問答となっていたところへ教室後方よりやって来た被告人がAのオーバーの襟に手をかけて引いたりして手帳の呈示を求めた。その間の騒動でAのオーバーのボタンがもぎれた。

・Aがやむなく警察手帳を差し出したところ、被告人はこれを見て他の学生に渡し、学生等は次々に手渡しで回覧した後、返還した。学生等はなおもAの周囲に群がり、学内潜入の非を鳴らしていた。

・そのうち、Aが捕えられたのを見て教室外に逃走したB、Cも大学構内で学生らに捕えられて、教室舞台前まで順次連行されて来た。学生らは3名を並べて再び写真を撮り、警察手帳の呈示を要求、これに対しBは「持っていない」などと争っていた。

・舞台では第2幕が始まることになったので、学生らは3名を舞台前より教室後部入口前の「踊り場」に連行した。その途中、Cは学生より姓名を問われ、警察手帳の呈示を求められたが、これに応じなかった。

・「踊り場」に連行された3名は壁際に立たされ、学生等はその前に集まり、口々に「どうして這入って来た」「誰の命令か」「何をさぐりに来た」などと問い訊した。3名はもはやその場を逃げ去る術もなく、押し黙っていたところ、学生の間から「警察手帳をとれ」という声が起り、Bは背広ポケット内より奪い取られ、Cもワイシャツの左内ポケット内から警察手帳を奪い取られた。その際、手帳の黒紐が引きちぎられた。

・学生らは3名に対し、学内侵入の非を詫び、再びかかる行為をしないように始末書を書くことを要求してひかず、3名と相対峙しているところに、大学厚生部長が急報によりかけつけてその場を一応おさめ、学生には翌日警察手帳を返還することを約束させ、警察官側には始末書に署名させた。こうして、3名は、学生等の包囲より解放され退出。奪われた警察手帳は後日学生側より大学当局の手を経て警察側に返還された。

・当夜、警察官を捕えて、25番教室後方より前方舞台前まで連行し、さらにそこから踊り場まで連行する間に、足で蹴ったり、手で殴ったりする等の暴力的行為が学生らのうち、若干名の者によって散発的に行われた形跡があるが、被告人がこれらの暴力的行為をしたことは認められない。被告人の行為として証拠上認定し得ることは、Aが教室内より逃げ去ろうとするに際し、同巡査の腕をつかみ、他の学生らとともに逮捕したこと並びに同巡査が舞台前に連行されて、学生等に、取り囲まれた際、同巡査が警察手帳の呈示を拒むので、そのオーバーの襟に手をかけて引き、強く手帳の呈示を求めたこと以外には認められない。

※一審東京地裁判決は、当日の警官の学内立入りの背景、性格について以下のように認定している。

・本富士署警備係員は、遅くとも昭和25年7月末頃以降、東京大学の構内において、警備情報収集のための警察活動を続けて来た。

・その警察活動たるや、私服の警備係員数名がほとんど連日の如く大学構内に立入って、張込み、尾行、密行、盗聴等の方法によって学内の情勢を視察し、学生、教職員の思想動向や背後関係の調査を為し、学内諸団体並びに団体役員の動向、学内集会の模様、状況等について常時広汎、刻明な査察と監視を続けてきた。

・本件当日の劇団ポポロの演劇発表会に入場したのも長期間に亘り恒常的に行われて来た学内内偵活動の一部を為すものであり、その一環として行われたものである。

※そのうえで、一審東京地裁判決は、以下のように大学の自治の尊重を説いている。

・大学は元来、学問の研究及び教育の場である。

・学問の自由は、思想、言論、集会等の自由と共に、憲法上保障されている。これらの自由が保障され、それらが外部からの干渉を排除して自由であることによってのみ、真理の探求が可能となり、学問に委せられた諸種の課題の正しい解明の道が開かれる。

・他からの干渉は、主として警察権力ないし政治勢力の介入ないし抑圧という形で行われる。警察権力ないし政治勢力の思考するところや意図するところは正しいこともあるだろう。しかし、そのことの故に直ちに警察権力ないし政治勢力が学問の自由に干渉してよいということとにはならず、大学並びに学問の自律は尊重されねばならない。

・学問以外の外部権力から開放された学問の自由を確保することによってのみ、学問的真理への道が塞息されることを免れる。

・学問の自由は、思想、言論、集会等の自由と共に、個人的な価値であるに止らず、社会的、国家的にも最大の尊重を払わねばならぬ貴重な価値である。

・学問の研究並びに教育の場としての大学は、警察権力ないし政治勢力の干渉、抑圧を受けてはならないという意味において自由でなければならないし、学生、教員の学問的活動一般は自由でなければならない。

・この自由が他からの干渉を受けないためには、これを確保するための制度的ないし情況的保障がなければならない。それは大学の自治である。

・大学の自治は、学問、思想、言論等の自由を実効的に確保するために過去幾多の試練に耐え、わが国においては、制度的とすら言ってよい慣行として確立している。

・大学はそれ自体、一つの自治の団体であって、学長、教員の選任について充分に自治の精神が活かされ、大学の組織においても学長の大学管理権を頂点として自治の実体に沿うような構成されている。

・学生も教育の必要上、学校当局によって自治組織を持つことを認められ、一定の規則にしたがって自治運動を為すことが許されている。

・長期にわたる教育の過程の中で、学生に時として行き過ぎや偏向があっても、大学はなおかつ、学生の自治と学習の自律を尊重し、あくまでも教育的視野に立って学生を指導することを本旨とするものである。

・大学自治の具体的内容として、警察権力が公安の維持を名として、無制限に大学内において警備の活動を為す場合、大学側はこれを拒否する正当な権利を有する。

・警察権力の警備活動の絶えざる監視下にある学問活動及び教育活動は、到底その十全の機能を発揮することができない。監視は無形の圧迫に通ずるものであって、かかる雰囲気の内においては、学問の自由が確保される基本的条件が失われる危険性が極めて大であると言わねばならない。

・学内の秩序がみだされるおそれのある場合でも、それが学生、教員の学問活動及び教育活動の核心に関連を有するものである限り、大学内の秩序の維持は、緊急止むを得ない場合を除いて、第一次的には大学学長の責任において、その管理の下に処理され、その自律的措置に任せられなければならない。

・警察官の大学構内における警備活動は、それが大学自治の核心に関連を有するものである限り、無制約的なものではなく、大学自治の原則よりして、権限行使の手続上、一定の規制を受けるものと解すべきである。

・大学の研究、講義、演習、その他学生の自治活動等すべて、学問、教育並びに学習の場としての大学の本来的職責に本質的関連を有する事柄については、第一次的には大学の自治と責任において問題が処理さるべきであって、警備活動の名による警察権力の介入、干渉は許されない。

※一審東京地裁判決は以上のように大学の自治を整理した上で、本件について以下のように判断した。その内容は、実に格調高いものがある。

・東京大学においては、学生らはつとに警官の学内潜入による内偵行為の事実を察知し、かかる行為の排除を学校当局に訴えていたのであるが、学校当局としては未だ明確な証拠も掴めず、正式に警察当局に抗議する段階に至っていなかつた。

・たまたま本件において、劇団ポポロの演劇発表会の席上警官の違法な学内立入りの事実を目のあたりに見せつけられて、被告人は前記の如き行動をとるに至ったものである。

・このような行動は、それ自体としては一見、逮捕、監禁、暴行等の可罰的違法類型に該当するかの如くに見える。しかし、被告人の行動は、憲法第23条を中心にして形成される憲法的秩序という重大な国家的、国民的法益の侵害に対し、徒らにこれを黙過することなく、将来再び違法な警察活動が学内において繰返されないように、これを実効的に防止する手段の一つとして行ったものである。

・官憲の違法行為を目前に見て徒らに坐視し、これに対する適切な反抗と抗議の手段を尽さないことは、自ら自由を廃棄することにもなる。自由は、これに対する侵害に対して絶えず一定の防衛の態勢をとって護っていかなくては侵され易いものである。

・被告人は、官憲の職務行為の違法性を明かにして自由の権利を護ろうと考え、法定の手続による救済を求めるに先立ち、まず自らの手で違法行為を摘発し、憲法上の原理を蹂躪するが如き不法な行動を問責したものである。

・その場合、行動に粗暴の度が加わったとしても、その行動が前記認定の如き範囲内に止るものである限り、一方において憲法的秩序保全という国家的、国民的利益を考え、他方においては、警察官の個人的法益の価値を考え、この両者の利益、価値を比較秤量して、前者が後者よりもはるかに大であるときは法令上正当な行為として許容されねばならない。

・よって無罪である。

※一審東京地裁判決は、被告人の行動を、まさに大学の自治を守るための「権利のための闘争」あり、憲法第12条所定の「この憲法が国民に補償する自由及び権利は、国民の不断の努力によって、これを保持しなければならない」との責務の実践だと評価したのである。

②東京高裁控訴審判決（1956年5月16日・控訴棄却　刑集17巻4号444頁）

※一審判決を不満とする検察官は、控訴趣意書において以下のように、警察官A、B、Cらの情報収集活動を正当であると主張した。

・当日の演劇会は、一般人に公開され、松川事件の報告やその資金カンパが重要な行事として前々から予定され実行されており、学内公認団体によって学校当局の許可の下に教室を使って行われたものであったが、実態は当局への届出の趣旨と違い、広く学外にも呼びかけ、政治的実践行為を目的とした一般的な政治集会に過ぎない。

・東大構内に、当時、全学連や都学連の事務所があり、大学当局の公認していないものであったにも拘らず、学校の施設を使用していたこと、当時、東大再建細胞という名前の秘密団体名のビラが学内にまかれていたこと、その他政令第325号（占領目的阻害行為処罰令）違反の疑いのあるビラが学内にしばしばまかれていたこと、その他当時の一般情勢として政治目的を持った学生運動が盛んとなっていたこと、レッドパージ反対の学内デモが行われ、学校当局の要請で本富士署員の出動が行われるなど不穏な情勢にあったこと、本件の数日前に渋谷駅前広場で東大教養学部の学生を中心として再軍備反対・徴兵制度反対署名運動がなされ、その時渋谷署に検挙される者が出たこと、本件当日も無届で東大生が渋谷駅前で反植民地闘争デーの前夜祭をし、先日の検挙に対する抗議デモを行っていること、本件のあった年の5月1日のメーデーに際し宮城前の広場で騒擾事件が発生し、その中に全学連を中心とした多数の学生が参加していたこと、これら一連の動きは表面に現われた氷山の一角であり、これらの動きの基礎をなすものが、当時、東大内にあったことなどから本富士署員としても警備活動をおろそかにすることができなかつた。

・警察官A、B、Cらは、正規に一般人と共に入場券を買って入場したものであり、会場内では会の進行につき自ら妨害を加えたこともなく、正当な職務行為を遂行したまでであってな

ん ら違法な点は認められない。

※この検察官の主張に対し、東京高裁は次のように判断した（傍線は筆者）。

・学生が政治的社会的諸現象に関心を抱き、それらを命題とし又はそれらに取材して演劇などの具体的方法によって広義の研学的行動をなし、さらにその際附随的にその演材に因む実社会的事実の報告やこれに関連する資金蒐集運動をなすが如きことあっても、それが学校当局公認の場所と方法とによる以上やはり学内活動の一部たるを失わない。

・大学は学問の研究及び教育に関する国内最高部の機関として比較的早くよりその構内殊に教室や研究所内における教職員や学生の行動については特別の自由が認められ、いわゆる大学自治の原則が成立しつつあつたが、現行憲法において、23条に学問の自由は、思想、集会、言論等とならんでこれを保障する旨の明文規定が設けられ大学自治の観念は一層明確に公認された。

・大学は学長の校務管掌権限を中心として、その大学内における研究・学問及び教育上の諸問題につき教職員及び学生の真理探究又は人間育成の目標に向い一定の規則にしたがって自治的活動をなすことが認められ、同時に外部との関係においては政治的又は警察的権力は治安維持等の名のもとに無制限に大学構内における諸事態に対して発動することは許されない。

・たとい警察的活動の対象となるが如き外観の事実ある場合にも、それが大学構内殊に教室や研究室内におけるものなる場合には、事情の許す限りまず大学当局自らの監護と指導とに委ねて解決を図り、大学当局が、自ら処理するに堪えず又は極めて不適当として要請した場合にはじめて警察当局が大学当局指定の学内の場所に出動できる。このことは、わが国における大学自治の実態として公知の事実である。

・警察当局よりみて大学（学生をも含む広義のもの）側に若干警察活動の対象と考えられる事態があるとしても、その予防または除去のため直ちに警察活動をおよぼすが如きは警察権の限界を越えるものといわねばならない。

・自治を認められた大学の教室内において学内団体が大学当局の許可の下に演劇開催中、警察官が警備活動の対象と認定し、会場内に立ち入る場合には、現行憲法下におけるわが国の全法律秩序に照らして、少なくともその旨を大学当局に告知すべきことであり、そのような告知をしないで立ち入ることは大学の自治を乱すものであつて、現行憲法下におけるわが国の全法律秩序に違反する。

※東京高裁判決もまた、大学当局の許可もなく、警察官が、警備公安活動による学内監視、情報収集活動をすることを大学の自治を侵害し、現行憲法下におけるわが国の全法律秩序に違反し、違法だと極めて明快な判断したのであった。

③最高裁大法廷判決（１９６３年５月22日・破毀差戻し　刑集17巻４号３７０頁）

※一審判決を是とする胸のすくような判断を下した東京高裁判決に対し、検事上告がなされた。上告人東京高等検察庁検事長花井忠の上告趣意は多岐にわたる長文のものであるが、上記東京高裁判決の傍線を付した判示について、憲法第23条の学問の自由保障に関する規定の解釈、適用の誤りと論難することに力点が置かれている。

※上告趣意のこの部分を要約すると以下のとおりである。

・学問の自由の享有主体は教授・研究者であり、大学の自治は教授・研究者の学問の研究及び発表の自由を保障する趣旨のものであるから、学生の活動、とりわけ政治的活動にまで及ぶものではない、警察官が警備活動の一環として大学の自治の対象とはならない本件演劇会の観察をするべく会場に立ち入ることは適法である。

※悪名高き東大ポポロ事件最高裁大法廷判決は、６名の補足意見、１名の意見が付されているが、結論は全員一致で、第一審判決及び原判決破毀、東京地裁への差戻しを命ずるものであった。その法廷意見は以下のとおりである。

・憲法23条所定の学問の自由は、学問的研究の自由とその研究結果の発表の自由とを含むものであり、一面において、広くすべての国民に対してそれらの自由を保障するとともに、他面において、大学が学術の中心として深く真理を探究することを本質とすることにかんがみて、特に大学におけるそれらの自由を保障することを趣旨としたものである。

・教育ないし教授の自由は、学問の自由と密接な関係を有するけれども、必ずしもこれに含まれるものではないが、大学については、憲法の上記趣旨と、これに沿って学校教育法52条が「大学は、学術の中心として、広く知識を授けるとともに、深く専門の学芸を教授研究する」ことを目的とすると定めていること、とに基づいて、大学において教授その他の研究者がその専門の研究の結果を教授する自由は、これを保障されると解する。

・以上の自由は、すべて公共の福祉による制限を免れるものではないが、大学における自由は、右のような大学の本質に基づいて、一般の場合よりもある程度で広く認められる。

・大学における学問の自由を保障するために、伝統的に大学の自治が認められている。この自治は、とくに大学の教授その他の研究者の人事に関して認められ、大学の学長、教授その他の研究者が大学の自主的判断に基づいて選任される。また、大学の施設と学生の管理についてもある程度で認められ、これらについてある程度で大学に自主的な秩序維持の権能が認められている。

・このように、大学の学問の自由と自治は、大学が学術の中心として深く真理を探求し、専門の学芸を教授研究することを本質とすることに基づくから、直接には教授その他の研究者の研究、その結果の発表、研究結果の教授の自由とこれらを保障するための自治とを意味すると解される。大学の施設と学生は、これらの自由と自治の効果として、施設が大学当局によって自治的に管理され、学生も学問の自由と施設の利用を認められるのである。

・憲法23条の学問の自由は、学生も一般の国民と同じように享有する。しかし、大学の学生としてそれ以上に学問の自由を享有し、また大学当局の自治的管理による施設を利用できるのは、大学の本質に基づき、大学の教授その他の研究者の有する特別な学問の自由と自治の効果としてである。

・大学における学生の集会も、右の範囲において自由と自治を認められるものであつて、大学の公認した学内団体であるとか、大学の許可した学内集会であるとかいうことのみによって、特別な自由と自治を享有するものではない。学生の集会が真に学問的な研究またはその結果の発表のためのものでなく、実社会の政治的社会的活動に当る行為をする場合には、大学の有する特別の学問の自由と自治は享有しないといわなければならない。また、その集会が学生のみのものでなく、とくに一般の公衆の入場を許す場合には、むしろ公開の集会と見なされるべきであり、少なくともこれに準じるものというべきである。

・本件の東大劇団ポポロ演劇発表会は、一般の公衆が自由に入場券を買って入場することを許されたものと判断され、特定の学生のみの集会とは言えず、むしろ公開の集会と見なさるべきであり、少なくともこれに準じるものというべきで、真に学問的な研究と発表のためのものでなく、実社会の政治的社会的活動であり、かつ公開の集会またはこれに準じるものであるから、大学の学問の自由と自治は、これを享有しない。したがって、本件の集会に警察官が立ち入ったことは、大学の学問の自由と自治を犯すものではない。

④ポポロ事件最高裁判決あれこれ

最高裁判決は、学生を大学の自治の担い手としては認めず、教授・研究者中心主義を明確にしている。これは、東京高裁判決が、「大学は学問の研究及び教育に関する国内最高部の機関として比較的早くよりその構内殊に教室や研究所内における教職員や学生の行動については特別の自由が認められ、いわゆる大学自治の原則が成立」してきた歴史を述べ、学生も大学の自治の担い手と認めたのと対照的である。

この点について、いわゆる東大闘争において学生・院生代表と大学当局の間で取り交わされた1969年1月10日付「東大確認書」では、「大学当局は、大学の自治が教授会の自治であるという従来の考え方が現時点において誤りであることを認め、学生・院生・職員もそれぞれ固有の権利を持って大学の自治を形成していることを確認する」旨の取決めがなされた。最高裁判決のこの考え方は、その後の大学の実践により克服されたというべきだろう。

また控訴審判決が明快に示した見解、すなわち大学の自治は、学問の自由に対する国家権力の介入を阻止するための制度的保障であり、①大学は学長（又は総長）の校務管掌権限を中心として、その大学内における研学及び教育上の有形無形の諸点につき教職員及び学生の真理探究又は人間育成の目標に向い一定の規則にしたがって自治的活動をなすことが認められるべきこと、②政治的又は警察的権力が治安維持等の名のもとに無制限に大学構内における諸事態に対して発動されることは許されず、たとい客観的には警察的活動の対象となるが如き外観の事実ある場合にも、それが大学構内殊に教室や研究室内におけるものなる場合には、事情のゆるす限りまず大学当局自らの監護と指導とに委ねて解決を図るべきことがその核心をなしている、との見解について、最高裁判決では、これをあいまいかつ断片的には認めているものの、全体として見れば大学の自治を矮小化するものであった。

この最高裁判決言い渡し当時の最高裁長官で、裁判長をつとめたのは横田喜三郎氏であった。同氏の横顔を略記すると以下の如くである。

横田喜三郎氏の略歴

1886年8月6日生まれ
1922年3月　東京大学法学部法律学科卒業
1930年3月　東京大学法学部教授（国際法）
1948年12月　東京大学法学部長に就任
1960年10月　第3代最高裁判所長官に就任。

横田氏は、国際法の権威であり、戦前、社会主義に関心を寄せ、軍部に睨まれたこともあった。戦後もリベラルな立場を堅持していた。専門分野以外でも、たとえば1949年に出版された著書

『天皇制』（労働文化社）において、「天皇制は封建的な遺制で、民主化が始まった日本とは相容れない。いずれ廃止すべきである」と天皇制廃止論を提唱している。

横田氏は、日本国憲法に関しても、小説『路傍の石』の作者・山本有三とともに、政府草案（「帝国憲法改正草案」）を起草するにあたって、口語体にすることを提唱し、日本国憲法の格調高い文章を作成するのに寄与したほか、憲法公布後の1946年12月、帝国議会内に組織された「憲法普及会」評議員に就任し、憲法普及活動に従事した。その憲法普及会による東京地区の第1回公務員憲法研修会では、「戦争放棄論」を講義し、憲法9条は自衛のための戦争、武力による威嚇及び武力行使も放棄したことを熱心に説いたのであった。

横田氏は、1950年に出版した著書『日本の講和問題』（勁草書房）において、「形式的に見れば、外国の軍隊や基地をおくことは、憲法に違反しないといえるかもしれない。しかし、実質的に見れば、つまり精神からいえば、少なくとも適当ではないといわなくてはならない。軍隊も戦力も、いっさい廃止した精神は、あきらかに、戦争の手段となるものをまったく存在させないということにある。たとえ外国の軍隊や戦力であっても、戦争の手段となるようなものを存在させることは右の精神に反するといわなくてはならない」と主張した。このあたりまで横田氏は、リベラルな考え方を保持していたと言える。

ところが、その後、横田氏は、微妙に説を変え始め、砂川事件最高裁判決が出ると、著書や論文で、これを積極的に支持する見解を示した。その甲斐あってか、1960年10月、第三代最高裁長官に就任することとなった。リベラルな学者としての横田氏は徐々に脱皮を遂げ、国家権力の担い手としての自信に満ちた最高裁長官へと変貌を遂げたのである。

さて、東大ポポロ事件で被告人として主役を演じさせられることになったのは東大経済学部学生千田謙蔵氏である。同氏は、上記の一審及び控訴審で無罪の言い渡しを受けたが、最高裁の破毀差戻し判決後、一審・東京地裁で１９６５年６月26日、有罪判決を受け、控訴審、上告審もこれが維持された。この上告審・最高裁判決が言い渡されたのは、事件発生から21年も経過した１９７３年３月22日であった。千田氏は、１９５３年３月、大学卒業後、横手市議を経て、１９７１年、社会党から横手市長選挙に出馬、当選をはたし、以後５期20年にわたって同市長をつとめ、２００８年、「憲法九条を守る秋田県市町村長の会」を結成するなど、東大ポポロ事件当時のままの思想・信条を変えず、活動を続けた。

戦後の変革期に横田氏のように体制にすりよる生き方をした人もあれば、千田氏のように志操堅固に生きた人もいる。どちらを可とするかは各自の自由であるが、筆者は後者に心を惹かれる。

＊＊＊＊＊＊＊＊＊＊＊＊＊＊＊＊＊＊＊＊＊＊＊

第4章　会員任命拒否は思想・良心の自由、表現の自由を侵害する

1 「人事の秘密」は不都合を隠蔽する時に用いられる常套句

不利益人事は理由の明示を要する

菅首相も、加藤勝信官房長官も、今回の会員任命拒否の理由について、個別の人事に関することについては答えられない、との決まり文句で押し通した。世上よく使われる「人事の秘密」をふりかざした居直りである。

しかし、「人事の秘密」は、あらゆる場合に認められるわけではない。たとえば適材適所に人を配置し、昇進・昇格・昇給をさせる場合に、そのことにいちいち理由を示す必要はないし、むしろ不都合でさえあることもある。しかし、不利益人事、たとえば国家公務員を免職する場合や民間企

業従業員を解雇する場合はどうだろうか。その場合には、「人事の秘密」が通用しない。そのことは、国家公務員法や労働契約法、労働基準法の諸規定を見れば明らかである。

国家公務員の分限免職・懲戒免職に関しては、以下のように定められている。

（国公法第78条）……分限免職

職員が、次の各号に掲げる場合のいずれかに該当するときは、人事院規則の定めるところにより、その意に反して、これを降任し、又は免職することができる。

一 人事評価又は勤務の状況を示す事実に照らして、勤務実績がよくない場合
二 心身の故障のため、職務の遂行に支障があり、又はこれに堪えない場合
三 その他その官職に必要な適格性を欠く場合
四 官制若しくは定員の改廃又は予算の減少により廃職又は過員を生じた場合

（国公法第82条1項）……懲戒免職

職員が、次の各号のいずれかに該当する場合においては、これに対し懲戒処分として、免職、停職、減給又は戒告の処分をすることができる。

一 この法律若しくは国家公務員倫理法又はこれらの法律に基づく命令（国家公務員倫理法第五条第三項の規定に基づく訓令及び同条第四項の規定に基づく規則を含む。）に違反した場合

二　職務上の義務に違反し、又は職務を怠った場合
三　国民全体の奉仕者たるにふさわしくない非行のあった場合

民間企業の従業員の解雇については次のように定められている。

（労働契約法16条）
解雇は、客観的に合理的な理由を欠き、社会通念上相当であると認められない場合は、その権利を濫用したものとして、無効とする。

（労働基準法21条）
労働者が、第20条第1項の解雇の予告がされた日から退職の日までの間において、当該解雇の理由について証明書を請求した場合においては、使用者は、遅滞なくこれを交付しなければならない。

国家公務員は右の条文からも明らかであるが、降任処分でも、また懲戒免職以外のより軽い懲戒処分でも理由が法定されている。一方、民間企業では、解雇以外の不利益処分については法律上明記されていないが、従業員は当然説明を求めることができ、仮に説明を拒否しても従業員が裁判で当該不利益処分を争えば、使用者は、当然理由を明示することが迫られる。

このように不利益人事については「人事の秘密」は妥当しない。

理由なしに不利益を課することはできない

人事に関する事項以外に目を転じてみよう。行政処分についてはどうだろうか。一般に、行政庁が不利益処分をする場合には理由を付さなければならないとされている。そのことは、行政手続法によって以下のように定められている。

（行政手続法第14条）

1項　行政庁は、不利益処分をする場合には、その名あて人に対し、同時に、当該不利益処分の理由を示さなければならない。ただし、当該理由を示さないで処分をすべき差し迫った必要がある場合は、この限りでない。

2項　行政庁は、前項ただし書の場合においては、当該名あて人の所在が判明しなくなったときその他処分後において理由を示すことが困難な事情があるときを除き、処分後相当の期間内に、同項の理由を示さなければならない。

3項　不利益処分を書面でするときは、前二項の理由は、書面により示さなければならない。

もっとも行政手続法第4条1項で、同法は国の機関に対する処分には適用されないと規定されているから、本件の如き国の機関を相手とする不利益処分には上記の規定は無関係なように思われるかもしれない。しかし、不利益処分について理由を明示しなければならないことは法の一般原則であり、行政手続法第14条1項はこの一般法原則を確認したに過ぎないから、たとえ行政機関内部の処分であっても理由が示されなければならない。

さらに言えば、刑事手続きにおいて、人を逮捕、勾留し、住居や所持品を捜索・押収するには、その理由を明示した令状が示されなければならないことは憲法33条ないし35条に規定するとおりである。また刑事罰を科するには理由が示されなければならない（刑事訴訟法第44条1項）。

このように見てくると、理由なしに人や組織に不利益を課することができないことは社会生活のあらゆる場面に妥当すると言ってよい。

会員任命拒否は学術会議と本人に不利益を課するもの

学術会議は、２１０名の会員により組織され（日学法第7条1項）、会の運営・活動がなされる。しかし、会員が定員に満たない場合には、会の運営・活動の上で支障が生じることになる。だから内閣総理大臣が推薦どおりに任命することを拒否し、会員が定員に満たない状態を作り出すことは、学術会議の運営・活動に支障をきたし、不利益を与える。すなわち会員任命拒否は学術会議に対する不利益処分である。

それと同時に、任命拒否された6名は、日学法第17条に定める「優れた研究又は業績がある科学者」なる選考基準を満たしていなかったかのごとき誤った社会的評価にさらされるばかりではなく、さまざまな憶測、中傷・攻撃を受けるなど実害をこうむることになる。

たとえばこんなことがあった。2020年10月11日付毎日新聞朝刊は以下のように報じている（筆者要約）。

2020年10月5日、ツイッターに匿名アカウントから以下の投稿がなされた。

〈6人の学者について標準学術評価ツール；スコーパスで調べてみた驚愕《きょうがく》の事実。計測可能だったのはKYさんだけしかも、H-index2、あとの人みんなゼロ。国際的にはとても学者とは言えない数値。総理はこれを調べてこれらの人はじいたのでは？　彼らは科学者ではないしもともと国際学者とは言えない〉

すると上念司という経済評論家を名乗る人物が、同月7日のインターネット番組「虎ノ門ニュース」で、ほぼ同内容の発言をし、その動画が60万回以上再生され、さらにその動画を引用したツイートも1800件以上リツイートされた。

人文社会系研究の計量評価に関する論文がある後藤真・国立歴史民俗博物館准教授は、スコーパスは、英語の論文だけのデータに基づく評価がなされるので、日本語での論文発表がほとんどの日本の人文社会系の研究者を、これに基づいて評価するのは誤りだと指摘している。

インターネット上では、「一犬虚に吠ゆれば万犬実を伝う」で、一人の人物が発信した情報が、嘘でもなんでもおかまいなしに拡散する。その結果、任命拒否された6名の人達が、インターネット上に名前がさらされ、名誉棄損の実害を被ることになる。

よって、今回の任命拒否は、拒否された本人それぞれにとって、個人の利益を侵害する不利益処分となる。

以上述べたところから、政府・菅首相には任命拒否の理由を明示する義務があることは明らかである。しかるに、不都合を隠ぺいする常套句の「人事の秘密」をくりかえすばかりであった。

2　思想・良心の自由、表現の自由の侵害

国会のやりとりから

さて、「人事の秘密」は不都合を隠蔽する常套句であると指摘したが、では、どのような不都合を隠ぺいしているのであろうか。隠蔽された不都合を推理してみよう。

２０２０年10月26日に召集された臨時国会（第２０３国会）で、野党側の要求により次の文書が開示された。

外すべき者（副長官から）　Ｒ２・９・24と手書きされた氏名を黒塗りした文書

この文書は、９月24日に、官僚トップの杉田官房副長官兼内閣人事局長が、６名を推薦名簿から外すように指示し、その指示どおり内閣府で決裁文書が作成され、菅首相が決裁したということを示している。

２０２０年11月５日、参議院予算委員会の質疑で、この点について、菅首相は、蓮舫議員の質問に次のように答弁している。

学術会議から総理大臣宛てに１０５名の推薦名簿が提出されたのが８月31日です。私は、当時、まだ官房長官でありまして、その内容、１０５人の名簿は見ておりません。そして、９月16日に総理大臣に就任をいたしました。総理大臣就任後、官房長官、杉田副長官に改めて私の懸念点を伝えました。そして、９月24日に内閣府が99名を任命する旨の決裁起案、それを受けて９月28日に私が最終的な決裁をするわけでありますけれども、総理就任後に、ですから９月16日以降でありますけれども、官房長官、杉田副長官に改めて懸念を伝え、杉田副長官から相談があり、99名を任命する旨を私自身が判断をし、それを副長官を通じて内閣府に伝えました。それが、ですから９月の24日前だと思います。

上記の「杉田副長官から相談があり、99名を任命する旨を私自身が判断」の部分に関しては、蓮舫議員「相談は、99人で６人はずしたという相談ですね。で、それでいいと判断したんですね」、菅首相「そのとおりです」とのやりとりが加わっている。

整理すると以下のようなことになる。

まず８月31日に１０５名の推薦名簿が出されたが、菅首相は、当時官房長官であったから見ていない。その後、菅首相は、９月16日、総理大臣就任後、加藤官房長官、杉田官房副長官に懸念を伝えた。この懸念の内容は明確にはされていない。その後、９月24日より前に、杉田官房副長官から６名はずして99名とするとの相談があり、承認し、９月28日に決裁した。

杉田官房副長官が個人情報に基づいて6名をはずした

要するに、６名を任命せず、99名を任命とするとの案は、杉田官房副長官がつくったということになるのである。菅首相が、その６名の氏名、経歴をどこまで認識していたのかは「相談」という言葉ぼかされている。

しかし、はっきりしているのは、杉田官房副長官は、明確に個人情報を把握した上で判断していたことである。2020年10月14日付朝日新聞朝刊は、杉田官房副長官は、「任命できない候補者がいる」との趣旨を事前に首相に説明し、首相がこれを了解した、とも報じている。これは、上記整理した事実中の「9月24日より前に杉田氏から6名はずして99名とするとの相談があり」というニュートラルな部分の内実を明らかにしていると言ってよい。

さて杉田官房副長官が「任命できない候補者」と認定したのは、いかなる事情によるものであろうか。これまでのところ推薦手続きに瑕疵があったとか、当該候補者に品行不良その他過去非違行為があったとか、そんなことをうかがわせる要素は全くない。ひょっとして当該候補者は学術会議の会員にはふさわしい研究業績をあげていないのだろうか。いやいやそんなことはなかろう。仮にそのあたりが問題になるとしても、それは学術会議・科学者コミュニティの判断、評価に委ねられていることだ。

そこでヒントになるのは、杉田官房副長官は警備公安警察出身だということである。いわゆる公安スジの情報はお手の物ではないか。きっと解任拒否が報じられた後、新聞報道された6名の以下の個人情報（東京新聞デジタル版2020年10月1日）は入手済みだったに違いない。

・宇野重規東京大学社会科学研究所教授（政治思想史）

2013年12月に成立した特定秘密保護法に対し、「民主主義の基盤そのものを危うくしかねない」と批判。「安全保障関連法に反対する学者の会」の呼び掛け人にも名を連ねていた。２００７年に『トクヴィル　平等と不平等の理論家』でサントリー学芸賞受賞。

・岡田正則早稲田大大学院法務研究科教授（行政法）

「安全保障関連法案の廃止を求める早稲田大学有志の会」の呼び掛け人の一人。沖縄県名護市辺野古の米軍新基地建設問題を巡って18年、他の学者らとともに政府の対応に抗議する声明を発表。

・小沢隆一東京慈恵会医科大学教授（憲法学）

２０１５年７月、衆院特別委員会の中央公聴会で、野党推薦の公述人として出席。安保関連法案について「歯止めのない集団的自衛権の行使につながりかねない」と違憲性を指摘し、廃案を求めた。

・加藤陽子東京大学大学院人文社会系研究科教授（日本近現代史）

憲法学者らでつくる「立憲デモクラシーの会」の呼び掛け人の1人。改憲や特定秘密保護法などに反対してきた。２０１０年に「それでも、日本人は『戦争』を選んだ」で小林秀雄賞を受賞。政府の公文書管理委員会の委員も務めた。

・松宮孝明立命館大学大学院法務研究科教授（刑事法）

２０１７年６月、「共謀罪」の趣旨を含む改正組織犯罪処罰法案について、参院法務委員会の参考人質疑で、「戦後最悪の治安立法となる」と批判。

・芦名定道京都大学教授（キリスト教学）

「安全保障関連法に反対する学者の会」や、安保法制に反対する「自由と平和のための京大有志の会」の賛同者。

この人たちに共通する点は、いずれも過去、政府の施策に反対する政治的言動をしたことがあるということである。警備公安警察出身の杉田官房副長官にとっては、この事実が決定的な判断材料となったのであろう。そうであれば、それは思想・良心による不利益扱い、政治的発言による不利益扱いであり、思想・良心の自由、表現の自由を侵害するものとなる。

「人事の秘密」によって隠ぺいしようとした不都合とはこの点にあるのだ。

念のために述べておくと、一般に公務員だからといって思想・良心の自由……内心の自由が一切制限されてはならないことはもちろんのこと、私的活動領域においては政治的行為を含め、表現の自由は完全に保障されなければならない。ましてや学術会議会員に関しては、日学法第7条8項に「会員は、国会議員を兼ねることを妨げない」とあることからもわかるように、特別職公務員たる学術会議会員としての活動はアドホックなものであり、これらの自由を制約されるいわれは全くない。

第5章　会員任命拒否は三権分立を侵すものである

1　任命は形式行為で、推薦どおり任命する

1983年改正後の日学法第7条2項

これから論じようとするのは、1983年改正により規定される至った日学法第7条2項の「内閣総理大臣が任命する」との規定の解釈である。念のため同項の条文を示しておこう。

会員は、第17条の規定による推薦に基づいて、内閣総理大臣が任命する。

なお第3章3(2)で既述したとおり、1983年改正法では、学協会・研究連絡委員会による候補者選考を取りまとめて学術会議が推薦する方式であったが、2004年改正法により、会員・連携

会員があげた候補者リストに基づき、会員選考委員会が選考する方式（コ・オプテーション、co-optation）となった。しかし、改正前も改正後も第7条2項中の「会員は……推薦に基づいて、内閣総理大臣が任命する」という部分は不変である。

推薦制への批判から国会論戦へ

選挙制を廃止し、学術会議の推薦に基づいて内閣総理大臣が任命するとの第7条2項を含む日学法改正案について、「内閣総理大臣の任命」という文言の意味如何によって、学術会議の会員人事の自律性、職務の独立性が失われ、学問の自由を侵害することになることが危惧された。そのため学術会議執行部は、その歯止めをかけるべく所管庁の総理府側とギリギリの折衝を重ねていたが、会員から執行部批判や反対の声があがり、科学者コミュニティに属する個々の科学者、市民及び野党からも改正案に反対する声が高まった。

こうした背景から、国会における改正法案審議においても「内閣総理大臣の任命」という文言の意味が繰り返し問われることになった。

1983年5月12日参議院文教委員会で、日本社会党の粕谷照美議員が、同法改正案に対し次のような疑問を提起した。

これは大変問題があると、こういう中での審議になっているわけであります。科学者の中でも非常にたくさんな議論がありまして、ここ連日、私は科学者の方々の応対に追われるというような、反対意見、または改革要綱に賛成だけれども若干の自分の意見もあるなどというような御意見の方々がおいでになるわけであります。そういう意味で、今度の法律案は科学者の自主性や学術会議の独立性を尊重して作成をされて出されてきたかということになりますと、大変な問題があるというふうに考えないわけにはまいりません。

推薦どおり任命する、任命は形式行為——政府側答弁

粕谷議員は、これに続いて質疑を行い、政府委員や説明員から以下のような明確な答弁が引き出された。

○政府委員（手塚康夫君）　前回の高木先生の御質問に対するお答えでも申し上げましたように、私どもは、実質的に総理大臣の任命で会員の任命を左右するということは考えておりません。確かに誤解を受けるのは、推薦制という言葉とそれから総理大臣の任命という言葉は結びついているものですから、中身をなかなか御理解できない方は、何か多数推薦されたうちから総理大臣がいい人を選ぶのじゃないか、そういう印象を与えているのじゃないかという感じが最近私もしてまいったのですが、仕組みをよく見ていただければわかりますように、研連（筆者注：研究連絡委員会のこと）から出していただくのはちょうど210名ぴったりを出していただくということにしているわけでございます。それでそれを私の方に上げてまいりましたら、それを形式的に任命行為を行う。この点は、従来の場合には選挙によっていたために任命というのが必要

がなかったのですが、こういう形の場合には形式的にはやむを得ません。そういうことで任命制を置いておりますが、これが実質的なものだというふうには私ども理解しておりません。

○説明員（高岡完治君）……この条文の読み方といたしまして、推薦に基づいて、ぎりぎりした法解釈論として申し上げれば、その文言を解釈すれば、その中身が二百人であれ、あるいは一人であれ、形式的な任命行為になると、こういうことでございます。

○説明員（高岡完治君）繰り返しになりますけれども、法律案審査の段階におきまして、内閣法制局の担当参事官と十分その点は私ども詰めたところでございます。

○説明員（高岡完治君）これはむしろ先生御指摘のように、そういうところにあるのではございませんで、今回の改正法案は推薦に変える、こういうことでございますので、選挙制から推薦制に変えるというところにこの改正法案の眼目があるわけでございます。内閣総理大臣の発令行為と申しますのは、それに随伴する付随的な行為と、このように私どもは解釈をしておるところでございます。

注：手塚康夫は内閣総理大臣官房総務審議官、高岡完治は内閣総理大臣官房参事官

粕谷議員に引き続き、さらに「内閣総理大臣の任命」の趣旨を問いただす質疑が行われ、政府委員や説明員など所轄庁である総理府の幹部官僚レベルにとどまらず、中曽根康弘首相や担当大臣である丹羽兵助総理府総務長官も相次いで重要な答弁を行った。

※1983年5月12日参議院文教委員会における中曽根首相答弁

学術会議法の改正につきまして、従来の選挙制度がいわゆる推薦制に変わりましたが、これはいままでの経緯にかんがみまして推薦制というふうになったのであるだろうと思います。しかし、法律に書かれてありますように、独立性を重んじていくという政府の態度はいささかも変わるものではございません。学問の自由ということは憲法でも保障しておるところでございまして、特に日本学術会議法にはそういう独立性を保障しておる条文もあるわけでございまして、そういう点については今後政府も特に留意してまいるつもりでございます。

これは、学会やらあるいは学術集団から推薦に基づいて行われるので、政府が行うのは形式的任命にすぎません。したがって、実態は各学会なり学術集団が推薦権を握っているようなもので、政府の行為は形式的行為であるとお考えくだされば、学問の自由独立というものはあくまで保障されるものと考えております。

※1983年11月24日参議院文教委員会における丹羽総理府総務長官答弁

学会の方から推薦をしていただいた者は拒否はしない、そのとおりの形だけの任命をしていく、こういうことでございます。

まとめ

内閣総理大臣は推薦どおりにそのまま任命する、任命拒否はしない、選挙制ではないので形式上やむをえず任命する形をとったに過ぎない等、政府側の答弁は徹底しており、内閣総理大臣が任命権を行使して、学術会議の会員選出人事に介入することを認めるような解釈を入れる余地は全くない。とりわけ中曽根首相、丹羽総理府総務長官答弁の答弁は重い。

2　任命は推薦制に随伴する付随的行為であり、認証的行為である

1983年5月12日参議院文教委員会では、内閣総理大臣の任命の法的性質について、説明員である高岡完治内閣総理大臣官房参事官が以下のように巧みな説明をしている。

今回の改正法案のこの制度の改正は、内閣総理大臣の任命制をとるということが目的では毛頭ございません。選挙制を推薦制に変えるというのが今回の改正法案の骨子でございます。先ほども御説明申し上げましたように、推薦制をとるがために国家公務員としての位置づけをされておりますす日本学術会員が、その法的地位を獲得するためには何らかの入口をあけ、中に引き入れるという行為が法律的には必要になってくるわけでございまして、そういう随伴する行為として内閣総理大臣の任命というものを考えたわけでございます。したがって、申し上げるまでもなくそれは形式的任

命ということでございまして、これは先ほども総理からお答えになりましたとおりでございます。

今回の改正の趣旨は、任命制をとるということではなく、選挙制から推薦制に変えるということであり、推薦された者に国家公務員の法的地位を獲得させるために、入口をあけ、中に引き入れる行為として任命が必要となったに過ぎない。内閣総理大臣の任命は推薦制に随伴する付随的な行為である。

学術会議会員は特別職の国家公務員であるから、国家公務員の世界に入るには入り口が必要である。内閣総理大臣の任命は、比喩的に言えば、推薦された者が、国家公務員の入り口に入る自動ドアだ。

こう述べているのである。

結局、内閣総理大臣の任命は、かつて選挙制だった当時、選挙の結果当選した者に対し会員選挙管理委員会が当選証書を交付した行為に相当するのであり、任命を認証的行為と言い換えてもよい。だから、内閣総理大臣が会員選出に実質的に介入することはあり得ないことになる。

3　小活――法解釈の変更と三権分立

一般に、法解釈の変更とは、もともと法律制定時から法文自体にいくつかの解釈を許容する余地があって、その許容範囲内でA説からB説に転じること、あるいは法律制定時には法文の意味は一義的明白に特定されていたが社会の変化に伴い人々の意識や行動態様が変化し、そのままでは規範性を維持できなくなり、変化にあわせて新しい意味を持たせるようにすること、などがそれにあたる。

法律の公権的解釈は、裁判を通じて判例によって示されたり、ときに国会審議等で政府見解として示されたりするが、上記のような趣旨で法解釈の変更がなされることはままあることであり、許容範囲内のことである。

しかし、その許容範囲を逸脱する解釈の変更は許されない。そのような逸脱は、法律の棄損・改ざんとして立法権への干渉にあたり、憲法に定める統治構造の根幹である三権分立を侵害するもので、憲法違反である。

以上述べたところにより、会員任命拒否が可能であるとの解釈と実行は、法解釈の変更の許容範囲を超えるものであり、法律の棄損・改ざん・立法権への干渉として、憲法に定める統治構造の根幹である三権分立を侵害し、憲法第41条に違反する。

第6章　学術会議設立の精神の発露

1　学術会議設立の精神（再掲）

日本学術会議は、科学が文化国家の基礎であるという確信に立って、科学者の総意の下に、わが国の平和的復興、人類社会の福祉に貢献し、世界の学界と提携して学術の進歩に寄与することを使命とし、ここに設立される。

第1章で、この日学法前文をとりあげ、学術会議設立の精神について以下のように述べた。

そこでこういうふうにまとめることができるのではないだろうか。すなわち、日学法前文は、科学者の総意として、文化国家・平和国家建設を高らかに謳いあげた日本国憲法を学問・研究の分野で具体的に生かし、実践することを宣言したものであると。学術会議設立の精神は、まさにここに凝縮されている。

2 「日本学術会議の発足にあたって科学者としての決意表明」（1949年1月22日）

真摯な議論により採択された「決意表明」

学術会議の第1回総会は1949年1月20日から3日間にわたり行われたが、その総会3日目の1月22日、「日本学術会議の発足にあたって科学者としての決意表明」が採択された。その全文は以下のとおりである。

われわれは、ここに人文科学及び自然科学のあらゆる分野にわたる全国の科学者のうちから選ばれた会員をもって組織する日本学術会議の成立を公表することができるのをよろこぶ。そしてこの機会に、われわれは、これまでわが国の科学者がとりきたった態度について強く反省し、今後は、科学が文化国家ないし平和国家の基礎であるという確信の下にわが国の平和的復興と人類の福祉増進のために貢献せんことを誓うものである。

そもそも本会議は、わが国の科学者の内外に対する代表機関として、科学の向上発達を図り、行政、産業及び国民生活に科学を反映浸透させることを目的とするものであって、学問の全面にわたりそのになう責務はまことに重大である。
されば、われわれは、日本国憲法の保障する思想と良心の自由、学問の自由、及び言論の自由を確保するとともに、科学者の総意の下に、人類の平和のためあまねく世界の学界と提携して、学術の進歩に寄与するよう万全の努力を傾注すべきことを期する。
ここに本会議の発足に当ってわれわれの決意を表明する次第である。

短い決意表明であるが、総会ではこの討議に1時間半もの時間が費やされている。その模様は、手書きの議事録（国会の速記者を招いて作成された速記録）に記されているが、56頁にも及んで侃々諤々の議論のあとがうかがわれる。科学者コミュニティは、異論百出、議論で成り立つ世界だが、これを見れば、学術会議が設立当初から如何に議論することに重きを置き、民主的運営に努めたかがよくわかる。

この中で、原案中「これまでわが国の科学者がとりきたった態度」とある部分を、「これまで特に戦時中わが国の科学者がとりきたった態度」に改めるとの修正案をめぐる議論を紹介しておきたい。「これまで特に戦時中わが国の科学者がとりきたった態度」とは、戦時中、科学者がおしなべて戦争に協力する研究をしてしまったことをさしている。原案では、生ぬるい、もっと明確にするべきだというのが修正案だった。

修正案に対し、医学分野の代表から次のような反対意見が出された。

すでに国家が戦争になってしまったならば戦争に協力し、科学者が国家のために尽すということは、一面から言うと当然のことであります。それはどこの国でもやっております。（略）もし反省するということになれば、戦争の勃発ということに対して防ぐことができなかったということを反省するべきであります。しかしながらその点は当時の科学者が実際に無能だったとは考えられないのであります。

この医学系分野の代表の意見に対する反論は以下のようなものだった。

戦争が始まったがゆえにわれわれ学問をする者はこれに追従しなければならぬ、こういう思想自体が問題になって来ると思います。むしろ学術会議は、そういった学者の態度自体を、今後徹底的に批判しようと言うことが問題ではないか、その意味において学問の自由、独立といったものも生きてくると思う。

学術会議設立の精神の発露

採決の結果、原案が採択された。そのことについて原案の起案に加わった我妻栄副会長（民法学の大家・東大法学部教授）は、「特に戦争という名称を強くしないで、過去の態度を強く反省するという含蓄のある言葉がよいだろう。殊に反省という言葉の中には単に戦争という場合だけではなくて、各部の学者が極端なセクショナリズムであったというような点、いろいろ反省すべき点があろう。したがって、それらすべてにわたって反省するという含蓄のある言葉の方が声明としてはよいのではないかということで、結局こういう文字になったのであります」と説明している。この説明からすれば、「これまでわが国の科学者がとりきたった態度」には、戦時中の科学者が戦争協力に走ったことも含まれているということであり、修正案が否決されたといっても、この決意表明がそのことを反省し、二度と繰り返さないとの決意を表明するものであることには変わりはなく、この「決意表明」は、学術会議設立の精神の最も根源的な戦争協力否定を宣言したものである。

軍事研究に対する学術会議の厳しい姿勢はここに始まるのであるが、それは学術会議設立の精神の発露と言ってよい。

注：本節の記述は、『日本学術会議創立70周年記念展示　日本学術会議の設立と組織の変遷 ――地下書庫アーカイブスの世界――』及び『5文字の加筆めぐり激論　科学者の戦争責任と向き合う　日本学術会議は反日か（2）』（全国新聞ネット2020年11月5日）などを参照した。

3 「戦争を目的とする科学の研究には絶対従わない決意の表明（声明）」（1950年4月28日）

激化する冷戦・核軍備競争と世界的平和運動の中で

第6回総会（1950年4月28日）で、学術会議は「戦争を目的とする科学の研究には絶対従わない決意の表明（声明）」を採択し、軍事研究に反対することを宣言した。

この当時の社会・政治情勢を振り返ってみると、冷戦体制がいよいよ発火点に達し、朝鮮戦争が勃発する直前という時期で、わが国は、アメリカによって共産主義に対する防壁に組み込まれ、まさに戦後反動の真っただ中にあった。吉田茂政権はこの流れに掉さし、単独講和と米軍の恒久的駐留受け入れを推し進めようとしていた。その一方で、全面講和・中立を求める国民運動が大きな盛り上がりを見せ始めていた。社会党が全面講和・中立堅持・軍事基地反対の平和三原則を打ち出したのは1949年12月のことだった。

世界的な平和運動も大きなうねりを示していた。1949年9月、ソ連が原爆保有声明を発表し、これに対抗して1950年1月、トルーマン・アメリカ合衆国大統領の水爆製造命令を出すなど、米ソを中心とした核軍備競争が拡大し、国際緊張が否応なく高まる中、同年4月16日から19日の間、「平和擁護世界大会委員会」（フレデリック・ジョリオ＝キュリー委員長）がストックホルムで開催され、下記のアピール（ストックホルム・アピール）が採択された。わが国でも、4月1日から

6月30日までの3か月の間、ストックホルム・アピールに賛同する署名運動が取り組まれ、全国で630万筆余りの署名が集約された。

――ストックホルム・アピール――

① われわれは、人民にとっての恐怖と大量殺害の兵器である、原子兵器の絶対禁止を要求する。
② われわれは、この禁止措置の履行を確保するための、厳格な国際管理の確立を要求する。
③ われわれは、どのような国に対してであれ、最初に原子兵器を使用する政府は、人道に対する罪を犯すものであり、戦争犯罪者として取り扱われるべきであると考える。
④ われわれは、世界中のすべての善意の人々に対し、このアピールに署名するよう求める。

1949年「決意表明」と学術会議設立の精神に基づいて

学術会議が、こうした核軍備競争の開始と国際緊張の高まり、これに対抗する世界規模の平和運動の盛り上がりの中で、学術会議が「戦争を目的とする科学の研究には絶対従わない決意の表明（声明）」を採択・発表したのは、前記「決意表明」と学術会議設立の精神に基づく当然の営みであった。

日本学術会議は、1948年1月、その創立にあたって、これまで日本の科学者がとりきたった態度について強く反省するとともに、科学文化国家、世界平和の礎たらしめようとする固い決意を内外に表明した。

われわれは、文化国家の建設者として、はたまた世界平和の使として、再び戦争の惨禍が到来せざるよう切望するとともに、さきの声明を実現し、科学者としての節操を守るためにも、戦争を目的とする科学の研究には、今後絶対に従わないというわれわれの固い決意を表明する。

これは、当時の社会・政治情勢において、国民の多数から賛同を得られるごくごく常識的なものだったといってよい。

注：井野瀬久美恵『軍事研究と日本のアカデミズム　学術会議は何を「反省してきたのか」』（『世界』2017年2月号）を参照した。

4 「軍事目的のための科学研究を行わない声明」（1967年10月20日）

米軍からの研究資金援助受け入れの広がり

1967年5月5日付朝日新聞朝刊で、1966年9月に京都で開催された「国際半導体学会」（日本物理学会主催・日本学術会議が後援）へのアメリカからの参加者の渡航費、滞在費として8000ドルを米陸軍極東研究開発局が援助していたこと、物理学会の執行部も、ほとんどすべての会員も、さらには学術会議執行部も知らないまま会議の実行委員会がその援助契約していたこと、会議の決算報告にもそれは記載されていなかったこと、などが報じられた。

当時、アメリカは、ベトナム侵略戦争を拡大し、南ベトナムに50万人にも及ばんとする地上軍を派遣、空と陸から殺し尽くし、焼き尽くす凄惨な作戦を展開するとともに、北ベトナムに対する北爆を繰り返していた。超大国アメリカに対し、敢然と戦うベトナム人民に対する支援は全世界に広がり、アメリカ国内でも、わが国でも、大規模なベトナム反戦運動が展開された。

そんな時期に、米陸軍極東研究開発局からの科学研究の現場に資金援助がなされたとあっては大きな社会・政治問題となったのは当然のことだった。


野党議員の要求により文部省が国会に提出した資料によると米陸軍極東研究開発局からの援助は、実施済み分で、大学25、研究機関9、学会2、病院1、合計91件・3億2400万円、予定分で、大学1、民間会社4、合計5件・5300万円となっていた（本田直文「軍資金の導入問題について」『物性物理研究』1967・8・⑸）。

再び1949年「決意表明」と学術会議設立の精神に基づいて

学術会議は、1950年「声明」で、「われわれは、文化国家の建設者として、はたまた世界平和の使」として、「再び戦争の惨禍が到来せざるよう切望するとともに、さきの声明を実現し、科学者としての節操を守るためにも、戦争を目的とする科学の研究には、今後絶対に従わないというわれわれの固い決意を表明する」と宣言したにもかかわらず、このような事態が進行している事実、および学術会議自体も米軍当局より援助がなされていることをチェックしないまま「国際半導体学会」を後援してしまったという事実に衝撃を受け、この年10月20日、秋の総会において「軍事目的のための科学研究を行わない声明」を採択した。再び１９４９年「決意表明」と学術会議設立の精神に基づいて、「戦争を目的とする科学の研究は絶対にこれを行わない」ことを改めて確認したのである。その全文は以下のとおりである。

われわれ科学者は、真理の探究をもって自分の使命とし、その成果が人類の福祉増進のために役立つことを強く願望している。しかし、科学者自身の意図の如何に拘らず科学の成果が戦争に役立たされる危険性を常に内蔵している。その故に科学者は自らの研究を遂行するに当たって、絶えずこのことに戒心することが要請される。

今やわれわれを取りまく情勢は極めてきびしい。科学以外の力によって、科学の正しい発展が阻害される危険性が常にわれわれの周辺に存在する。近時、米陸軍極東研究開発局より半導体国際会議やその他の個別研究者に対する研究費の援助等の諸問題を契機として、われわれはこの点に深く思いを致し、決意を新たにしなければならない情勢に直面している。すでに日本学術会議は、上記国際会議後援の責任を痛感して会長声明を行った。

ここにわれわれは、改めて日本学術会議発足以来の精神を振りかえって、真理探究のために行われる科学研究の成果が又平和のために奉仕すべきことを常に念頭におき、戦争を目的とする科学の研究は絶対にこれを行わないという決意を声明する。

5 「軍事的安全保障研究に関する声明」（2017年3月24日）

「国家安全保障戦略」

安倍政権は発足翌年2013年12月に「国家安全保障戦略」を策定した。これは、従来の「国防の基本方針」（1957年5月閣議決定）にかわる国家安全保障に関する基本方針である。「国防の基本方針」は、「国際連合の活動を支持し、国際間の協調をはかり、世界平和の実現を期する」との根本精神のもとに「外部からの侵略に対しては、将来国際連合が有効にこれを阻止する機能を果たし得るに至るまでは、米国との安全保障体制を基調としてこれに対処する」ことを謳っていた。

これに対し「国家安全保障戦略」は、「国家安全保障の基本理念を具体的政策として実現するに当たっては、我が国の国益と国家安全保障の目標を明確にし、絶えず変化する安全保障環境に当てはめ、あらゆる手段を尽くしていく必要がある」とわが国の国益を重視し、その安全保障の目標を①我が国の平和と安全を維持し、その存立を全うするために、必要な抑止力を強化し、我が国に直接脅威が及ぶことを防止するとともに、万が一脅威が及ぶ場合には、これを排除し、かつ被害を最小化すること、②日米同盟の強化、域内外のパートナーとの信頼・協力関係の強化、実際的な安全保障協力の推進により、アジア太平洋地域の安全保障環境を改善し、我が国に対する直接的な脅威の発生を予防し、削減すること、③不断の外交努力や更なる人的貢献により、普遍的価値やルールに基づく国際秩序の強化、紛争の解決に主導的な役割を果たし、グローバルな安全保障環境を改善し、平和で安定し、繁栄する国際社会を構築すること、と定めた。

「国防の基本方針」と比較すると、「国家安全保障戦略」は、国際協調・国連中心主義・国際平和にかえて国益重視、米国との軍事同盟の強化、軍事力（抑止力）重視、という方向を鮮明にしていることがわかる。

その「国家安全保障戦略」には、地味ではあるが、次の一文が書き込まれている。

我が国の高い技術力は、経済力や防衛力の基盤であることはもとより、国際社会が我が国に強く求める価値ある資源でもある。このため、デュアル・ユース技術を含め、一層の技術の振興を促し、我が国の技術力の強化を図る必要がある。

技術力強化のための施策の推進に当たっては、安全保障の視点から、技術開発関連情報等、科学技術に関する動向を平素から把握し、産学官の力を結集させて、安全保障分野においても有効に活用するように努めていく。

デュアル・ユース技術とは、聞きなれない言葉であるが、国民生活の利便・福利のための民生技術であると同時に、軍事目的にも使える技術という意味である。しかし、あらゆる科学・技術は両義的である。民生技術であっても軍事目的にも転用され得る。その逆もしかりである。

だから研究者は、自己の研究が結果として軍事目的に使用されてしまったとしても、個人として責任を痛感することはあれ、基本的にはそれは政治的社会的に問題解決を図るべきことで、科学研究にとっても研究者にとっても致命的なことではない。しかし、軍（防衛当局）が、軍事目的に使用する意図があるにもかかわらず、ことさらデュアル・ユース技術を標榜して、研究者を自己の管理する研究開発プログラムに引き入れることは、重大な問題がある。科学研究においては自主・民主・公開が不可欠な要件であるのに、軍（防衛当局）の研究プログラムにおいては、当局の介入・管理がなされ、非公開・秘密保持が課されることになる。それは科学研究及び科学者に致命的な結果をもたらす。

「国家安全保障戦略」のこの一文は安全保障、国防の視点から産学官（軍）の共同を推進することを宣言しているものと言ってよい。

科学者を軍事技術研究に向かわせる仕掛け

これを受けて、「総合科学技術・イノベーション会議」（第３章３(1)の注参照）が取りまとめ、２０１６年１月に閣議決定された「第５期科学技術基本計画」（１期５年での中期計画で、２０１６年～２０２１年までカバーされる）に、「国家安全保障上の諸課題への対応」として以下のように明記されている。

我が国の安全保障を巡る環境が一層厳しさを増している中で、国及び国民の安全・安心を確保するためには、我が国の様々な高い技術力の活用が重要である。国家安全保障戦略を踏まえ、国家安全保障上の諸課題に対し、関係府省・産学官連携の下、適切な国際的連携体制の構築も含め必要な技術の研究開発を推進する。
その際、海洋、宇宙空間、サイバー空間に関するリスクへの対応、国際テロ・災害対策等技術が貢献し得る分野を含む、我が国の安全保障の確保に資する技術の研究開発を行う。
なお、これらの研究開発の推進と共に、安全保障の視点から、関係府省連携の下、科学技術について、動向の把握に努めていくことが重要である。

このように、科学者の軍事研究への動員が着々と進められようとしている。

防衛省・防衛装備庁は、２０１５年から「安全保障技術研究推進制度」を運用開始した。初年度の予算規模は3億円であったが、２０１７年度からはこれを一気に１１０億円に拡大し、大学、公的研究機関、民間企業などの科学技術研究に資金投下して、武器技術開発への回路を開きつつある。

それだけではない。アメリカ国防総省の国防高等研究計画局（Defense Advanced Research Projects Agency 略称ＤＡＲＰＡ、ダーパ）による研究資金が大学や公的研究機関に流れ込み、軍事研究に手を染める科学者も少なからずいることが明らかになっている。

もとより科学者の多数は、軍事研究に手を染めたくないと思っているだろう。しかし、２００４年に行政改革の一環として国立大学・公立大学と国立の研究機関の独立法人化が進められ、大学・

研究機関の一般運営費交付金の締め付けと研究費の競争的資金への組み換えによって、経常研究費が削減され、競争原理が導入されたことにより、産学協同が当たり前になってしまった学問・研究の現場に、こうした掛け声とともに潤沢な軍事研究の資金の撒き餌がなされれば、科学者は、それに飛びつき、産学官（軍）一体化が進行することとなってしまう。

みたび1949年「決意表明」と学術会議設立の精神に基づいて

２０１７年３月、学術会議幹事会は、こうした事態を危惧して「軍事的安全保障研究に関する声明」を採択した。本声明も冒頭部分で以下のように宣言し、みたび１９４９年「決意表明」と学術会議設立の精神に基づくものであることを明らかにしている。

日本学術会議が１９４９年に創設され、１９５０年に『戦争を目的とする科学の研究は絶対にこれを行わない』旨の声明を、また１９６７年には同じ文言を含む『軍事目的のための科学研究を行わない声明』を発した背景には、科学者コミュニティの戦争協力への反省と、再び同様の事態が生じることへの懸念があった。近年、再び学術と軍事が接近しつつある中、われわれは、大学等の研究機関における軍事的安全保障研究、すなわち、軍事的な手段による国家の安全保障にかかわる研究が、学問の自由及び学術の健全な発展と緊張関係にあることをここに確認し、上記２つの声明を継承する。

この声明の核心をなすのは次の部分である。

（軍事的安全保障研究の）研究成果は、時に科学者の意図を離れて軍事目的に転用され、攻撃的な目的のためにも使用されうるため、まずは研究の入り口で研究資金の出所等に関する慎重な判断が求められる。大学等の各研究機関は、施設・情報・知的財産等の管理責任を有し、国内外に開かれた自由な研究・教育環境を維持する責任を負うことから、軍事的安全保障研究と見なされる可能性のある研究について、その適切性を目的、方法、応用の妥当性の観点から技術的・倫理的に審査する制度を設けるべきである。学協会等において、それぞれの学術分野の性格に応じて、ガイドライン等を設定することも求められる。

本声明は、1949年「決意表明」と学術会議設立の精神を、現代の科学研究をとりまく状況に柔軟に応用しようとするものであり、一部の人が言うように一律に軍事研究に反対するものではない。そのように言うのは、不当なレッテルはり、誇大宣伝である。

軍事研究に対してどう科学者はどう対応するべきか。ただ学術会議として、反対を唱えて、あとは個々の科学者の良心にのみ頼る時代は過ぎ去ろうとしている。科学者コミュニティ全体でサポートし、個々の科学者が知らず知らずのうちに軍事研究の深みにはまり、研究結果の秘匿が義務付けられ、研究内容への介入がなされ、研究結果が攻撃的な武器として使用されるなどして、科学者としての誇りを失う事態を未然に防止するために、技術的・倫理的審査制度をもうけ、ガイドライン等を設定するということの「軍事的安全保障研究に関する声明」は、科学者コミュニティの共助のための提言だと筆者には思われる。

注：本節の記述は、池内了『科学者と戦争』（岩波新書）、同『科学者と軍事研究』（岩波新書）、小森田秋夫『日本学術会議会員の任命拒否』（花伝社）を参照した。

第7章　会員任命拒否・その後——違法状態の是正を求めて

1　違法状態を放置し、学術会議改革問題にすり替えを図ろうとする政府

学術会議の6名の任命拒否に対する対応

6名の任命拒否について、学問の自由、思想・良心の自由、表現の自由の侵害であり憲法第23条、第19条、第21条に違反し、かつ会員選考について定める日学法第17条、第7条2項の解釈の限界を超える専断行為で三権分立を侵害（憲法第41条に定める国会の立法権侵害）するものとして、違憲・違法であることは、縷々論じたところである。

法的・論理的に厳密に考察するならば、6名の任命拒否行為は法的には無ないし不存在であるから、学術会議は、無視して6名が現に会員として選任されたものとして取り扱うことも可能であったと筆者は考える。しかし、学術会議は、そのようには取り扱わず、6名の任命拒否行為が存在す

ることを前提として対応している。

その上で、学術会議は、日学法第7条は２１０名の会員をもって組織されること及び会員の任期は6年、３年ごとに半数ずつ学術会議の推薦に基づいて内閣総理大臣が任命することを定めていることから、内閣総理大臣は推薦のあった１０５名の会員を任命しなければならないのに、それが99名にとどまっている現状において任命行為は終了しておらず、残された6名の任命を行い２１０名の定員を充足させ、6名の会員を欠く違法状態を是正する義務があると解釈した。

そのような解釈に基づいて、学術会議は、２０２０年10月2日総会において、次の内容からなる内閣総理大臣菅義偉殿宛て要望書を採択した。

1．２０２０年9月30日付で山極壽一前会長がお願いしたとおり、推薦した会員候補者が任命されない理由を説明していただきたい。
2．２０２０年8月31日付で推薦した会員候補者のうち、任命されていない方について、速やかに任命していただきたい。

学術会議会長と菅首相の面談

同年10月16日、ほんの15分程度であったが、学術会議梶田隆章会長と菅首相との面談がようやく実現した。この面談の模様は、梶田会長の会員に対するメール報告（「内閣総理大臣との面談に関するご報告」日本学術会議第25期会長梶田隆章）によると以下のとおりである（要約）。

・10月2日に総会が決定した要望書を手渡し、口頭でもその趣旨を伝えたが、特段の回答はなかった。
・日本の科学者の代表機関として、各国のアカデミーや国際学術団体等と連携して、諸科学の一層の向上発達を図り、社会が直面する諸課題の解決に応えていく日本学術会議の役割の重要性に鑑み、その役割をよりよく果していきたいこと、学術会議において作成した提言を社会や国に広く伝えるなど発信力を高めていくことなど今期執行部の抱負を伝えた。
・現在の会員選考方式について説明し、この方式であるからこそ女性会員比率を約35％まで上昇させ、関東圏以外の研究者の割合を50％程度にまで高め、ジェンダーや地域のバランスを考慮し、多様な意見をくみ上げることができる会員構成となっていることを伝えた。
・総理からはしっかりその役割を務めてほしいとの発言があり、政府側の窓口となる井上信治科学技術政策担当大臣とも連携してほしいと言われた。

なお梶田会長はこの報告の末尾で、学術会議としては要望書に掲げた2点が実現されるよう引き続き求めていくとの決意を表明している。

一方、首相官邸のホームページに載せられた菅首相の説明は以下のとおりである。

・本日、梶田会長、就任の御挨拶ということでいらっしゃいました。筆者からは、これまでのインタビューなどで申し上げておりますように、学術会議が国の予算を投じる機関として、国民に理解される存在であるべき、こうしたことを申し上げました。梶田会長からは、この場でもお話があったようですが、未来志向で今後の学術会議の在り方を、政府と共に考えていきたい、こうしたお話がありました。政府としても、そこはそうしたいと思っています。それで、井上担当大臣を中心として、梶田会長とコミュニケーションを取りながらそうした方向にお互いに進めていこうと、そういうことで合意いたしました。

菅首相のこの説明は、梶田会長の前記報告とは、ニュアンスが異なる。菅首相は、学術会議の在り方を政府と学術会議とで協力して検討を進める合意をしたと言っている。これに対し梶田会長は、今期の執行部の抱負として学術会議がより良い役割を発揮できるようにしたいと語ったようである。

透けて見える政府の意図

試みに、面談後、梶田会長が記者団の囲み取材で語ったことを報道（注：いちいち示さないが朝日新聞、毎日新聞、東京新聞など複数紙をチェックしている。以下の箇所でも、「報道」に基づく記述は同様である）に基づき、整理すると以下のとおりである。

・学術会議が推薦した会員候補105人のうち、6人を任命しなかった理由の開示と任命を求める要望書を首相に直接手渡した。
・これに対し、首相が任命拒否の理由を明確に説明しなかった。
・梶田会長からは未来志向で社会や国に対し、どう貢献していくかを話した。
・首相からは「学術会議としてしっかり貢献できるようやってほしい」と要請があったので、政府への政策提言が不十分といった批判が出ていることを念頭に「発信力が今まで弱かった。早い段階からしっかり改革していきたい」と伝えた。

これらをつきあわせ整理すると、菅首相は、違法状態の是正など眼中になく、梶田会長が今期執行部の抱負として自己改革を進めたいと語ったことを捻じ曲げて、政府と学術会議とが協力して学術会議の在り方を検討する合意が成立したとし、それを学術会議に押し付けようとしていると見るのが妥当なところではないかと思われる。実際、その後、舞台は、梶田会長をはじめ学術会議幹部と井上信治科学技術政策担当大臣の話し合いに移ったが、そこでそのことが明らかとなる。

学術会議の要求をはぐらかし、学術会議を追い込む政府

梶田会長をはじめ学術会議幹部と井上担当大臣との話し合いは、10月23日にスタートした。その話し合いは、菅首相が描いたとおり、会員任命拒否による違法状態の是正には踏み込まず、もっぱら学術会議の在り方を検討し、改革することに話題が終始することとなった。しかも、それは学術

会議の自主的改革の努力をしたいという執行部の抱負としてではなく、検討結果を報告することが学術会議の義務とされ、さらに政府がそれを検討し、双方協力して改革を進めるという趣旨に捻じ曲げられてしまった。しかも、政府の意図たるや、双方協力して改革を進めるどころか、実際には学術会議の存立基盤を揺るがしかねない改革を押し付けようとするものであることが次第に明らかになった。

1回目から6回目の話し合いの模様を当時の報道に基づいて概観してみよう。これだけでも右に述べたことが明瞭に読み取れるはずである。

①10月23日の話し合い

梶田会長は、10月2日総会で採択した要望書に基づき口頭で、今後の率直な対話のためにもこの問題の解決が重要であるとして、任命しない理由を明らかにすることと6名を早急に任命することを求めた。これに対し井上担当大臣は、「総理大臣の権限。総理の方でお考えいただけると思う」とこれには答えず、逆に「未来志向で学術会議のあり方をお互いに考えていきたい。年末をめどに検討状況の報告をしてもらいたい」と要請した。

②10月29日の話し合い

梶田会長は、推薦した会員候補6人が任命されていないことにより健全な活動のための条件が損なわれており、極めて遺憾だとし、一刻も早く事態が是正されないと、政府との信頼関係が損なわれ、学術会議が果たすべき役割を果たすことが困難になることを危惧していると述べ、現在の会員選考の実情、会員の構成などについて説明をした。井上担当大臣は、意見は菅首相に伝えると答えたにとどまり、「（会員に）多様性を持たせるためにどうすればいいのか、協力しながら改善策を考えたい。」と述べた。

③ 11月26日の話し合い

梶田会長は、10月23日の話し合いで要請のあった学術会議の在り方、改革についての組織内における検討状況を説明し、年末までには報告する旨伝え、任命拒否問題についての解決を求めた。井上担当大臣は、任命拒否問題については何ら触れず、学術会議の在り方、改革について、初めて国から独立した組織にすることも含め、検討する必要があるという考えを示した。

④ 12月16日の話し合い

学術会議側から10月23日の話し合いで要請のあった学術会議の改革に関する中間報告書（12月16日付「日本学術会議のより良い役割発揮に向けて（中間報告）」）を提出した上で、梶田会長は、任命拒否問題を取り上げ、６名を任命しなかったことについて、理由を明らかにするとともに任命することを求めた。

井上担当大臣は、要請があったことを菅首相に伝えると述べたにとどまった。

なお、井上担当大臣は、話し合い後の記者会見で、中間報告書について「まずは内容をじっくり読んだうえで、年内には政府として一定の道筋を示していきたい。論点は設置形態だけではないので、広くいろいろな論点についてしっかり考えたうえで、一定の道筋を示していくが、年内もあとわずかしかないので、示すことには一定の限界がある」と述べた。

⑤ 12月24日の話し合い

井上担当大臣は、学術会議側に来年4月までに最終報告をすること、現在は国の機関である設置形態について、国と切り離すことも含めて現状にこだわらずフラットに検討することを求め、「前回、年内に政府としての方向性を示す」と述べたが、まずは学術会議の自主的な議論の結果を待ち、その後に政府として改めて検討するとの意向を示した。

⑥ 2021年2月27日の話し合い

梶田会長は、すでに提出した中間報告にもとづいて学術会議の改革案を、3月末までにまとめ、4月の総会で正式決定を目指す考えを伝えるとともに、まずは6名の会員任命をしてもらいたいとの意見が会内では多数であり、早急に解決を求める旨要望した。井上担当大臣は、会員任命拒否問題には答えず、学術会議側が改革素案をまとめる前に改めて意見交換の機会を持ちたいと述べた。

2　違法状態の是正を求めて

(1) 学術会議の取り組み

学術会議は、6名の会員任命拒否により生じている違法状態を是正させるために、前記のとおり2020年10月2日総会で採択された要望書（①任命しない理由を明らかにすること、②6名を速やかに任命すること）を公表し、梶田会長が菅首相に直接これを手渡し、口頭でも要望をしたほか、井上担当大臣との話し合いの都度、この要望書に基づき、口頭でも要望を続けたが政府が、これには一切答えないという対応を続けたため、さらに次のような取り組みをした。

・2021年1月28日、幹事会で「日本学術会議幹事会声明『日本学術会議会員任命問題の解決を求めます』」を採択し、公表した。

・同年4月22日、総会で「声明『日本学術会議会員任命問題の解決を求めます』」を採択し、公表した。

・同年9月30日、日本学術会議会長談話「第25期日本学術会議発足1年にあたって（所感）」を公表した。梶田会長は、その中でこれまでの学術会議の取り組みをふりかえり、「一貫して6名の会員候補者の即時任命を求めるとともに、任命しなかった理由の説明を求めてきました。同時に、法の定めを満たさぬ状態を是正できるのは任命権者たる内閣総理大臣をおいて他になく、内閣総理大臣はその義務を負っていることも指摘してきました。しかし残念ながら、1年を経過した現時点でも問題の解決も説明もなされぬ状況が続いています。法に基づき設置・運営される本会議にとって、このような状態の長期化はとうてい受け入れられるものではありません」と訴えた。

・梶田会長は、同日、記者会見で、「新首相が誰になっても6人が任命されるように努力していきたい」と述べ、前日選出され、次期首相に就任する見通しの岸田文雄自民党総裁との話し合いにより解決を求める意欲を示した。さらに同年12月2日、3日開催された総会では梶田会長が、岸田首相とできるだけ早期に面談し、6人の任命を直接訴える決意を示したのを受けて、岸田首相と梶田会長が早期に面談し、会員の任命拒否問題などについて話し合いをすることを求める首相宛ての要望決議をした。

・岸田首相は、ようやく2022年1月13日、梶田会長との話し合いの場を持ったが、岸田首相は「任命権者である（当時の）菅義偉首相が最終判断したことから、一連の手続きは終了したものと考えている」と述べ、進展は見られなかった。その一方で、岸田首相は、松野博一官房長官を窓口に話し合いを続ける意向を示したが、その後の経過を見ると、それも違法状態の是正問題に封印し、学術会議攻撃の仕切り直しをしたに過ぎないことが明らかとなっていくことになる。

⑵ 大きく広がる批判、抗議の声

6名の会員任命拒否が明らかとなった後、連日、これを批判する報道ラッシュが続き、国会でも野党議員による菅首相らに対する追及が行われ、その道理のなさが白日の下にさらされた。

そのような中、科学者コミュニティに属する個人、学協会及び大学、日本弁護士連合会及び9割以上の単位弁護士会、法律家団体、労働組合、その他の市民団体等が学術会議の要望書を支持し、任命拒否に抗議する声明や要望書を発出した。これらは報道でも大きく取り上げられた。

これらのうち特に注目すべきことは、短期間のうちに1000を超える学協会が抗議声明や要望書を発表したことである。これは前代未聞のことであり、わが国の科学者コミュニティの総力をあげて会員任命拒否に反対する意思を示したものと言ってよい。

また朝日新聞デジタル版（2020年12月2日）が報ずるところによれば、国際学術会議（ISC：International Science Council、事務局・パリ）の会長から学術会議会長あてに「菅義偉首相による任命拒否が学問の自由に与える影響を深刻にとらえている。科学者の表現の自由が保障され、会員推薦の際に学術上の選択の自由が守られるよう強く支援する」とする手紙が届けられたとのことであり、批判、抗議は国際的広がりを持つものだった。

注：ISC……2018年7月、自然科学系の国際科学会議（ICSU）と社会科学系の国際社会科学評議会（ISSC）が統合し、世界最大の学術団体としてISC（International Science Council、国際学術会議）

が誕生した。ＩＳＣは１４０以上の国・地域アカデミーと41の学術分野別団体から構成されている。――学術会議ホームページより

(3) 果敢に展開される法的な闘い

さて６名の会員任命拒否により生じている違法状態の是正を求めるための争訟手続きをとる道が学術会議にあるかといえば、残念ながら国の機関である学術会議が同じく国の機関である内閣総理大臣に訴えを提起できる根拠となる特段の法律の定めがないから、ないと答えざるを得ない（行政事件訴訟法第42条）。

では任命されていない６名の会員候補者が争訟手続きをとることはできないだろうか。これは内閣総理大臣の任命は１４０～１４１頁で述べたように推薦制に随伴する付随的行為であり、認証行為に過ぎないことを前提とし、任命拒否が重大な違憲・違法行為で、無ないし不存在、少なくとも無効として、国を被告とし、２０２０年10月１日から２０２６年９月30日までの間学術会議会員たる地位を有することの確認を求めて訴訟を提起することは可能であると筆者は考える。学術会議との協議を要することだろうが、検討してもよいのではなかろうか。

ところでこの任命拒否問題に関して進められている法的手続きがある。

①一つは、当事者６名が、２０２１年４月に内閣府（内閣府大臣官房長及び内閣府学術会議事務局長）

及び内閣官房（内閣総務官及び内閣官房副長官補（内政担当））に対し行った「行政機関の保有する個人情報保護法」第12条に基づく自己にかかわる個人情報報開示請求

②もう一つは、弁護士や法学者ら1162名が、ほぼ同時期に同じく内閣府（内閣府大臣官房長及び内閣府学術会議事務局長）及び内閣官房（内閣総務官及び内閣官房副長官補（内政担当））に対し行った「行政機関の保有する情報の公開に関する法律」第3条に基づく行政文書開示請求

いずれも任命拒否の経過に関する文書を開示させ、理由や責任の所在を明らかにさせることを目的としたものである。

注：開示を求めた文書は以下のとおりである。

第1．2020年の日本学術会議会員の任命に関する以下の1ないし4記載の文書

1　杉田和博官房副長官ないし内閣官房職員と内閣府との間におけるやりとりを記録した文書

2　2020年12月10日開催の参議院予算委員会理事懇談会において提出された文書

3　内閣総理大臣が、日本学術会議が推薦した会員候補者105名の任命に関して受領ないし確認した文書

4　その他一切の文書

第2．2020年に日本学術会議が推薦した会員候補者のうち一部の者を任命しなかった根拠ないし理由がわかる一切の文書

第3．２０２０年に日本学術会議が推薦した会員候補者のうち、内閣総理大臣が任命しなかった者がわかる一切の文書

しかし、請求を受けた内閣府（内閣府大臣官房長及び内閣府学術会議事務局長）及び内閣官房（内閣総務官及び内閣官房副長官補（内政担当））は、これらいずれの請求に対しても、２０２１年6月、「保有していないため不存在」などの理由を付し、もしくは何らの理由も付さずに、不開示とする決定を行った。同年8月、請求人らは、これを不服として、「行政不服審査法」、「行政機関の保有する個人情報保護法」、「行政機関の保有する情報の公開に関する法律」の関連規定に基づき、内閣総理大臣に対し審査請求を行い、各請求は、現在一括して審理が進められている。

今後、内閣総理大臣は、総務省に設置された情報公開・個人情報保護審査会に諮問し、その調査審議・答申を経て決定することになる。同審査会は、学識経験者・法律専門家らからなる第三者機関であり、公正かつ中立的に調査審議・答申することを標榜しているので、ぜひともそうあって欲しいものである。

請求人側は、２０２０年10月26日に召集された臨時国会（第２０３国会）で、野党側の要求で開示された「外すべき者（副長官から）R2・9・24と手書きされた氏名を黒塗りした文書」により、杉田官房副長官が6名を任命しないとの指示をしたこと、それは決裁文書に直ちに反映された重大な意思決定であること、その意思決定に至る過程で作成された文書やその資料があるはずであるこ

と、それらは杉田官房副長官が個人の便宜のために作成または取得した私的メモの類ではなく、組織としての共用文書すなわち行政文書であることを、指摘をしている（２０２１年12月23日付意見書兼口頭意見陳述書。芦名定道外５名『学問と政治　学術会議任命拒否問題とは何か』岩波新書、所収）。ポイントをついた的確な指摘である。

今後の進展を見守りたい。

終章　まとめ――科学を政治の〝しもべ〟にしてはならない

学術会議問題は、一応は、会員任命拒否そのものが問われる段階（第一段階）と会員任命拒否を突破口として学術会議の独立性、自主性を奪い、時の政府の施策遂行の妨げにならない、できれば協力する学術会議づくりが画策される段階（第二段階）に一応区分できる。「一応は」と断ったのは、会員任命拒否自体がそのような学術会議の独立性、自主性を奪う狙いと効果を持つものであること、及び第一段階、第二段階に属する出来事が並行して進行していることなどから、これはあくまでも叙述の便宜のための区分けに過ぎないからである。

このようにお断りした上で第二段階の話に入っていきたい。

1　学術会議口撃

(1) 自民党甘利明議員のデマゴギー

どんなことを述べたか

甘利議員と言えば、安倍政権で経済再生担当相を務めた自民党の重鎮である。その甘利議員が自身のブログに掲載した『国会レポート第４１０号』（２０２０年8月6日）の中で以下のように述べている。

日本学術会議は防衛省予算を使った研究開発には参加を禁じていますが、中国の「外国人研究者ヘッドハンティングプラン」である「千人計画」には積極的に協力しています。他国の研究者を高額な年俸（報道によれば生活費と併せ年収８０００万円！）で招聘し、研究者の経験知識を含めた研究成果を全て吐き出させるプランでその外国人研究者の本国のラボまでそっくり再現させているようです。そして研究者には千人計画への参加を厳秘にする事を条件付けています。中国はかつての、研究の「軍民共同」から現在の「軍民融合」へと関係を深化させています。つまり民間学者の研究は人民解放軍の軍事研究と一体であると云う宣言です。軍事研究には与しないという学術会議の方針は日本限定なんでしょうか。そもそも民生を豊かにしたインターネットが軍事研究からの出自に象徴されるように、機微技術は現在では民生と軍事の線引きは不可能です。さらに言えば、各国の学術会議は時の政府にシンクタンクとして都度適切なアドバイスをしています。評価されたドイツのメルケル首相の会見もドイツアカデミーの適切な助言によるものと言われています。学術会議には日本の英知としての役割が期待されます。政権の為ではなく国家の為にです。

もっとも次に紹介する批判を受けた後、右記の傍線（筆者が付した）「積極的に協力しています」とある部分を「間接的に協力しているように映ります」と訂正している。

ファクトチェック

アメリカのオンラインメディア・BuzzFeed（バズフィード）とヤフージャパンが運営するBuzzFeed Japan（バズフィードジャパン）は、政府やメディアの発信する情報についてファクトチェックを行っている。そのBuzzFeed Japan（バズフィードジャパン）が配信したBuzzFeed News（2020年10月9日）は、SNS上で、学術会議が「日本の防衛研究は認めないが軍事転用への懸念などがアメリカから指摘されている中国政府による『千人計画』に協力している」という根拠を示さない話が拡散されている問題を取り上げ、追跡してファクトチェックを行っている。長いので要約したが、それでも以下のとおり長くなってしまった。

ツイッター上で《日本学術会議。「防衛研究は認めないが、中国の軍事研究には参加する」という結構な反日組織になっており、今回の官邸側の動きは十分理解できる。「中国との戦争はもう始まっている」と痛感させられた。「戦争の結果は戦争する前に決まっている」ので、こういう地道な改善は重要。》というツイートが1000以上「いいね」され、リツイートも5000以上されて拡散されている。関連情報として「日本学術会議は中国の千人計画に関わっている」というツイートも拡散されている。

「千人計画」とは、中国政府が各国の優秀な研究者を招致するために進めている事業で、高額の研究資金や給料など、その待遇は破格で、技術流出、盗用、さらには軍事転用への懸念も少なくないとして、アメリカではこれに参加する研究者をスパイ視し、FBIが捜査に乗り出し、摘発されてもいる。

学術会議が「中国の軍事研究」や「千人計画」に携わっているという言説は、ネット上にとどまらず、一般メディアにまで広がっている。

学術会議は、かつて「戦争を目的とする科学の研究は絶対にこれを行わない」とする声明を1950年と67年に出している。さらに2017年には防衛装備庁が創設した研究助成制度に対し、「軍事的安全保障研究協力に関する声明」を出して協力拒否を表明している（筆者注：協力拒否を表明しているというのは間違い。実際には、軍事目的と見なされる可能性がある研究について、その適切性を技術・倫理面から審査する機関の設置を大学などの各研究機関に求める内容になっている）。しかし、「中国の軍事研究」や「千人計画」に関わっているという事実は認められなかった。

では、このフェイクニュースはどこから出回ったのだろうか。それを追跡したら、自民党の甘利明・元経済再生担当相がその出どころではないかと考えられた。

甘利氏は自らのブログ（8月6日）で《前記ブログ記事の引用……省略》と書いている。

また読売新聞の「千人計画」に関する連載記事中で、5月6日、《学術会議は軍事研究につながるものは一切させないとしながら、民間技術を軍事技術に転用していく政策を明確に打ち出している中国と一緒に研究するのは学問の自由だと主張し、政府は干渉するなと言っている。日本の技術が中国の軍事技術に使われようとしても防ぐ手立てがないのが現状だ》と述べている。

しかし、甘利氏は、こういう情報のソース、根拠は何も示していない

甘利議員は、学術会議の軍事研究に対する姿勢をやり玉にあげ、非難している。そのこと自体は自由であるが、中国の軍事研究や外国人研究者囲い込みの「千人計画」に加担しているというデマゴギーを拡散させるようなことは決して許されるものではない。

(2) 自民党政調会長の発言

こんな中、自民党は、2020年11月7日、内閣部会に「日本学術会議のあり方を検討するプロジェクトチーム」を設置した。毎日新聞のインタビューに答えて、自民党政調会長・下村博文衆議院議員が、その理由、趣旨、目的について語っているが、その中で、次のように語っていることが注目される（毎日新聞デジタル版2020年11月10日）。

学術会議は過去3回、最近では2017年に「軍事研究には協力しない」と明言している（筆者注：前記のとおり間違い）。第二次世界大戦の反省に立って、軍事研究を一切しないとしてスタートした学術会議の歴史的経緯からするとよく理解できるが、2017年の声明は、日本の防衛を考えた時に本当にそれでいいのか。民生の研究が結果的に軍事に利用されることもあるし、軍事から始まった技術が民生で利用されることもある。中国は「軍民融合」という言い方をして徹底しているが、線引きは難しい。軍事産業に手を貸すことに拒否反応があることはよく分かるが、少しでも「軍事に利用されるかもしれない」ということで全部止めてしまえば、日本の防衛は誰が守るのか。結果的に日本は他国から高い防衛装備品を買わざるを得なくなる。防衛省の（予算で助成される）研究は無条件でダメ、一切やらないというのは極端ではないか。そこまでこだわるのであれば、行政機関から外れてやるべきではないか。

さすがは安定多数を誇る政府与党の自民党政調会長である。下村議員は、自信満々に、学術会議のどこをどう変えたいのかストレートに発言している。

2　始まった学術会議攻撃

(1)　学術会議攻撃の狙い

政権与党である自民党の中から、一つはデマゴギー、もう一つは自信満々の正面切った学術会議対策論として、公然化したこのような学術会議口撃は、いずれも学術会議が公表した「軍事的安全保障研究に関する声明」（２０１７年3月24日）をやり玉にあげている。

これは１９６７年10月20日、学術会議総会で「軍事目的のための科学研究を行わない声明」を採択した直後から始まった政府・自民党の学術会議攻撃を思い起こさせる。

このときの攻撃の顛末、その攻撃が会員選出を選挙制から推薦制とし付随的に総理大臣の任命を定めた１９８３年日学法改正に帰結したこと、それは政府・自民党の学術会議を一般の政府審議会と同様に政府の施策をオーソライズするだけの機関に変える狙い、もしくは仮にそれができなくても国の機関からはずす狙いは未達に終わったこと、政府・自民党はそれをやり遂げるチャンスを虎視眈々と窺うことになったことなどは、第2章においてすでに述べたとおりである。

また第６章では、「日本学術会議の発足にあたって科学者としての決意表明」（１９４９年1月22日）、「戦争を目的とする科学の研究には絶対従わない決意の表明（声明）」（１９５０年4月28日）、「軍事目的のための科学研究を行わない声明」（１９６７年10月20日）、及び「軍事的安全保障研究に関する声明」（２０１７年3月24日）を取り上げ、これらを学術会議設立の精神の発露であり、それを体現するものであることを示した。

甘利議員、下村議員が学術会議への口撃の矛先を「軍事的安全保障研究に関する声明」に向けたことで、今回の会員任命拒否及び学術会議への政府・自民党の攻撃の本質・狙いが鮮明になった。

政府・自民党にとって、国の機関である学術会議がそのような存在であることが目障りであり、いよいよ世紀またぎの未達の課題に手を付けようとしているのだ。

(2) 巧妙で狡猾な学術会議攻撃

会員人事への用意周到な介入

ここで思い出してほしいのは、本書「はじめに」の末尾参考①で示した今回の会員任命拒否の前段となる出来事である。おわかりのように、安倍政権の下で、政府は小出しに会員人事に介入している。その経過を整理すると以下のとおりとなる。

はやくも2016年の欠員補充人事で、欠員3ポストにつきそれぞれ2名ずつ優先順位をつけて推薦させ、学術会議がつけた優先順位に官邸側はクレームをつけた。このため、学術会議はやむなく補充を断念した。

これはほんのジャブ程度のものだったが、2017年3月24日「軍事的安全保障研究に関する声明」発出後は、より露骨になった。2017年の会員選考においては、6月段階で105名の推薦のために110名超の名簿を作成し、官邸側と協議して105名に絞り推薦したとのことである。さらに2018年の欠員補充人事でもひと悶着があり、学術会議側は補充を断念したが、このとき、学術会議執行部の知らないところで、2018年11月13日付内閣府学術会議事務局名義の「日本学術会議法第17条による推薦と内閣総理大臣の任命との関係について」と題する書面が作成されている。そこには「内閣総理大臣に、日学法第17条による推薦のとおりに任命する義務があるとまでは言えないと考えられる」との見解が示されていた。これが今回の会員任命拒否の根拠文書とされた。

これらの介入は小出しではあるが、その態様を評すれば「狡猾かつ執拗」のひとことに尽きる。こういう小出しの介入であれば学術会議側も事をあらだてることもなく従い、次第に慣行として定着する。それを徐々に拡大すれば内閣総理大臣は実質的任命権を獲得できる。その先は、学術会議の手綱を握ることができる。政府はこういうふうに考えてたのであろう。

巧妙なすり替えで学術会議を改革論議に引きずり込む

今回の会員任命拒否の断行は、政府に少し誤算があったようだ。これまで行ってきた小出しの介入に対し、見立てどおり学術会議は目に見える形の抵抗をしなかったことから、政府は、少しだけエスカレートさせ、6名を任命からはずす程度のことであれば、これまで同様学術会議は事をあらだてることはないだろうと踏んでいたに違いない。

ところが6名の会員任命拒否は、10月1日付「しんぶん赤旗」のスクープ記事をはじめ、連日メディアで報じられ、一躍、時の大問題となってしまった。当の学術会議が予期に反して声をあげたばかりか、各界・国民各層に批判、抗議の声が広がったことに政府は驚いたことだろう。菅首相の支離滅裂な弁明の数々を見れば、そのことがよくわかる。

このような事態に対し、政府は、会員任命拒否については理由を一切明らかにせず、すでに手続きは完了しているとして6名を任命せよとの要求を黙殺し、改革論議に論点をすり替え、学術会議をこれにひきずりこもうとしたことは第7章で見たとおりである。

その際、利用されたのが梶田会長と菅首相、梶田会長ら学術会議幹部と井上担当大臣との話し合いで語った学術会議執行部としての自主的改革の抱負であった。

第3章3(2)のページをめくってみていただききたい。現在の学術会議の会員選考システム及び組織運営は、「総合科学技術会議」の報告書「学術会議の在り方について」(2003年2月)により2004年に日学法が改正され、この2004年改正法に基づき2005年からスタートした。その際、改革の成果について、10年経過した時点で検証することとされていたが、2014年に内閣府特命担当大臣(科学技術政策)の下に設置された「日本学術会議の新たな展望を考える有識者会議」がそれを行い、成果は着実にあがっていることを高く評価しつつ、学術会議に対し、なお緩まぬ改善・改革の努力を望むというまとめをした。以来、学術会議は、その趣旨を誠実に守り、履行しているのである。だからあたりまえのことを梶田会長らは述べたに過ぎないのに、菅首相、井上担当大臣は、これを見逃さす、学術会議の改革論議に引きずり込んだのである。

3　学術会議の改革論議とその評価

以下において学術会議が引きずり込まれた論点すり替えの改革論議について検討してみることにする。

(1) 自民党「日本学術会議の改革に向けた提言」

自民党は、チャンス到来とばかりにさっそく、2020年10月14日、政務調査会内閣第二部会に「政策決定におけるアカデミアの役割に関する検討プロジェクトチーム（PT）」（座長・塩谷立元文部科学相）を立ち上げ、わずか2か月の検討で12月9日に、「日本学術会議の改革に向けた提言」（以下単に「提言」という）を取りまとめ、公表した。

「提言」は以下のように述べている。

日本学術会議は、独立した新たな組織として再出発すべきである。設置形態としては、独立行政法人、特殊法人、公益法人等が考えられる。

また、わが国のNational Academyとして引き続き国際学術会議（ISC）等に加盟して国際活動を行うためには、欧米アカデミーと同じく政府機関から組織として独立させた上で、更なる活動の強化が求められる。（中略）

これにより、現在、政府の内部組織として存在しているにもかかわらず、政府から独立した存在であろうとすることで生じている矛盾が解消する。

「提言」は、「独立した新たな組織として再出発すべきである」というのであるが、その理由として、①欧米アカデミーと足並みをそろえるということ、②政府から独立した存在であろうとすることで現在生じている矛盾が解消するということ、の二点をあげている。

①で述べられているところは、欧米アカデミーとわが国の学術会議の成り立ち、沿革、歴史を無視したあまりにも短絡的、軽率、性急な意見である。

②で述べられているところは、政府から独立して職務を行うことが保障された学術会議に、学術会議推薦にかかる会員候補の任命拒否をするという学術会議の独立性を侵害するトラブルを作り出し、言うところの矛盾を作り出しているのが当の自民党政権なのであるから、これはできの悪い冗談である。

繰り返しになるが2014年に内閣府特命担当大臣（科学技術政策）の下に設置された「日本学術会議の新たな展望を考える有識者会議」がまとめた『日本学術会議の今後の展望について』（2015年3月）において、2005年に現行制度に移行して以後10年間の学術会議の組織、運営、活動について検証し、成果は着実にあがっていることを高く評価している。「提言」は、これをも無視するものであった。

(2) 学術会議「日本学術会議のより良い役割発揮に向けて」

「中間報告」

自民党の「提言」が公表された1週間後の12月16日、自主的改革の検討を進めてきた学術会議は、「日本学術会議のより良い役割発揮に向けて（中間報告）」（以下「中間報告」という）を取りまとめ、井上担当大臣に手渡した。

「中間報告」は、これまで「日本学術会議の新たな展望を考える有識者会議」が取りまとめた「日本学術会議の今後の展望について」（２０１５年）をもとに改革に取り組んできたこと、改めて現状を自己点検し課題を抽出し、より良い役割を発揮できるようにするためにアカデミーの原点は何かを踏まえた検討を開始していること、現時点で「①科学的助言機能の強化、②対話を通じた情報発信力の強化、③会員選考のプロセスの透明性の向上、④「国際活動の強化、⑤事務局機能の強化」の5項目をとりあげ検討したこと、その一部はすでに実行に着手していることを明らかにしている。

そのうち、前記③について摘記すると以下のとおりである。

・現在、優れた研究又は業績がある会員及び連携会員、そして関連する学術団体や協会が適切な次期会員となるべき者を推挙する方式が採られている。
・推挙された多数の次期会員となるべき者の中から広い分野にまたがる委員からなる「選考委員会」が多様な観点から審議し、次期会員候補の推薦名簿を作成して幹事会に提出する。

・幹事会はこの名簿を審議し、総会の承認を経て決定し、内閣総理大臣に提出する。

・以上の選考方式をコ・オプテーション方式と言うが、これは海外の多くのアカデミーで採用されている標準的な会員選考方式である。

・近年は、人文・社会科学、生命科学、理学・工学の3分野からの選考とは別に横断的・俯瞰的な観点から「選考委員会」そのものが独自に推薦する仕組みも導入されている。

・若手アカデミーが設置され、女性会員比率も約38%となるなど、年齢や性別、地域、などの多様性の確保に向けた努力の成果も実りつつある。

・学術会議の独立性を確保しながら、これまで開示されてこなかった会員や連携会員選定の際の基本的な考え方、推薦候補者情報の収集手法、選考各段階における人数や内訳の概要などを開示すると共に、選考委員会の透明性向上に向けた様々な取り組みを検討する。

・ジェンダーバランスや年齢バランスに加えて、大学や研究機関ではなく産業界などに所属する優れた研究や業績がある会員の増加など所属組織の多様性もさらに充実させるため、幅広い候補者から選定できる方策を模索する。

設置形態については、以下のように述べられている。

・前記「日本学術会議の今後の展望について」では、「国の機関でありつつ独立性が担保されている現在の制度を変える積極的な理由を見出しにくい」との指摘がなされている。

・したがって、現時点で法改正等を伴う設置形態の見直しを行うには、単なる状況の変化というにとどまらず、法改正を要請する立法事実の明確化が必要である。

ナショナルアカデミーとして役割を果たすために必要な5つの要件として、①学術的に国を代表する機関としての地位、②そのための公的資格の付与、③国家財政支出による安定した財政基盤、④活動面での政府からの独立、⑤会員選考における自主性・独立性をあげ、これら全て満たすことは、国際的に広く共有された考え方であるとする。その上で、国の機関としての設置形態（現行の行政機構としての設置形態、行政・立法・司法から独立した会計検査院のような設置形態）、国の機関以外の設置形態（独立行政法人、国立大学法人のような独自法に基づく法人、特殊法人、公益法人）をあげ、上の5つの要件に照らして、今後さらに検討をする必要があるとまとめている。

注：公的資格の付与とは、政府からの諮問を受け（日学法第4条）、政府に対する勧告（同第5条）、政府に資料の提出、意見の開陳、説明を求める（第6条）といった公的権限の付与ということを意味する。

「最終報告」

学術会議は、2021年4月21～22日に開催された第182回総会で、「日本学術会議のより良い役割発揮に向けて」最終報告書（以下「最終報告」という）を採択し、政府に提出した。言うまでもないことだが、これは自主的な改革案をまとめたものであり、政府・内閣府の承認を求めるといったたぐいのものではない。

「最終報告」では、設置形態についてまず「中間報告」で提示したナショナルアカデミーとしての役割を果たすのに必要な5要件――①学術的に国を代表する機関としての地位、②そのための公的資格の付与、③国家財政支出による安定した財政基盤、④活動面での政府からの独立、⑤会員選考における自主性・独立性――が充足されるかどうかを、国の機関として維持する場合と国の機関以外の設置形態とする場合に分けて具体的に検討し、以下の結論を示している。

・現在の国の機関としての形態は、5要件を充足でき、学術会議がナショナルアカデミーとしての役割を果たすのにふさわしいものであり、それを変更する積極的理由を見出すことは困難である。

・国の機関以外の設置形態としては独立行政法人や公益法人では5要件を充足することは不可能だが、特殊法人については、個別の法律（筆者注：たとえば学術会議法人法というような類の法律）で、所管大臣からの独立性、特定利益団体からの独立性、財政基盤の国による保障、公的資格の付与、会員選考に関する自己決定と会員の法令に基づく位置づけ、会長選出に関する独立性その他法人組織の維持運営に必要な事項を手当てすることにより、5要件を満たすようにすることは可能かもしれないが、相当な準備と時間が必要である。

・　今後も検討を深めて行きたい。

「最終報告」で改革課題として提示した事項は、「中間報告」で示した「①科学的助言機能の強化、②対話を通じた情報発信力の強化、③会員選考のプロセスの透明性の向上、④国際活動の強化、⑤事務局機能の強化」のうち④の「国際活動の強化」が一番目にあげられ、①の「科学的助言機能の強化」、を「日本学術会議の意思の表出と科学助言機能の強化」と変えられている以外は「中間報告」と同じである。

「最終報告」では、これら5項目――①国際活動の強化、②日本学術会議の意思の表出と科学助言機能の強化、③対話を通じた情報発信力の強化、④会員選考のプロセスの透明性の向上、⑤事務局機能の強化――それぞれ基本認識と改革の方向性にわけて、詳細な検討がなされている。

それらのうち中間報告に関して紹介した④（中間報告では③）の会員選考のプロセスの透明性の向上については、「日本学術会議の独立性をコ・オプテーションの原則によって確保しながら、会員や連携会員候補選考の際の基本的な考え方、候補者情報の収集手法、選考各段階における人数や内訳の概要などを開示するとともに、選考委員会の透明性向上に向けた様々な取組を実施します。また、ジェンダーバランスや年齢バランスに加えて、産業界に属する研究者や高度専門職者として研究活動にも従事する方々など、大学や研究機関以外で優れた研究や業績がある会員を増やして、会員構成の多様性をさらに充実させるために、幅広い候補者から選定できる方策を検討します」と改革の方向性を示し、それを実現するための方策を具体的に提示している。

特に紹介したいのは②の学術会議の意思の表出と科学的助言機能の強化の項目に関する検討内容である。これは学術会議の中核をなす活動であり、この活動に関して、政府・自民党が目くじらをたて、やり玉にあげ、今回の学術会議問題でも政府・自民党はそれに焦点をあてていることはすでに述べたとおりである。

「最終報告」はまず以下のように「基本的認識」を示す。

直近の個別的政策課題に具体的な意見や選択肢を提示する活動を狭義の科学的助言と捉えるならば、日本学術会議の行う意思の表出には、そのような貢献を含みつつも、独立した立場からより広い視野に立った社会課題の発見や、中長期的に未来社会を展望した対応のあり方の提案が期待されています。この点に、個別政策課題に即して設置される審議会等とは異なる日本学術会議固有の役割があります。

これは個別的政策課題にすぐに役立つ科学的助言活動を求める政府・自民党に対する明確な批判である。

その上で「最終報告」は次のとおり「改革の方向性」を提示している。

学術の独立性を確保しつつ政府並びに広く社会や人々との対話を通じて課題選定及び内容の妥当性を高めるための試みを強化するなど、ガバナンスの強化に取り組みます。

日本学術会議からの意思の表出に求められる中長期的視点と俯瞰的視野と分野横断的な検討の3点が担保されているかをつねに自己点検し、学協会等の提言との役割分担も求められます。

その「具体的取組」についてはいちいち紹介しないが、学術会議内部の意思形成の仕組みの改革のほか外部との意見交換の多様化をとりあげ、政策立案者との意見交換の必要性、産業界、専門家団体などとの連携などの取組をあげている。

(3)「日本学術会議の在り方に関する政策討議取りまとめ」(CSTI有識者懇談会)不当な介入

2021年4月22日、学術会議から「最終報告」を受け取った井上担当大臣は、「総合科学技術・イノベーション会議」(以下「CSTI」という)の有識者議員懇談会で、学術会議の設置形態や会員の選考方法についての議論を進める方針を示した。

2022年1月21日に公表されたCSTI有識者懇談会「日本学術会議の在り方に関する政策討議取りまとめ」(以下「取りまとめ」という)によると、井上担当大臣は、「日本学術会議とコミュニケーションを取りながら未来志向で検討を進めてきており、検討を今後さらに進めるためには、学術会議内で議論を閉じてしまうのではなく、産業界や学識経験者など様々な外部の視点を取り入れることが重要である」との認識を示して、学術会議の在り方についてＣＳＴＩ有識者議員懇談会の場で議論を行うよう要請したとのことである。そうであれば井上担当大臣には、そもそも学術会議の自主的改革を見守る姿勢のひとかけらもなく、はじめから政府自ら学術会議の改革を強制する構えであったと言える。

そもそもＣＳＴＩは内閣府設置法に基づく「重要政策に関する会議」として内閣府に設置された組織で、同会議の議長は内閣総理大臣、閣僚議員6名、有識者議員7名、機関の長たる議員として学術会議会長が、それぞれ議員となり、政府の諮問に応じて科学技術の総合的かつ計画的な振興を図るための基本的な政策の検討や科学技術に関する大規模な研究開発その他の国家的に重要な研究開発の評価を行うこととされている。これを見れば明らかなようにＣＳＴＩは学術会議が政府から独立して行うべき政府の科学技術政策に対する助言・提言・勧告をする学術会議の役割の一部を奪い取り、政府と一体の立場で行う権限を付与された組織であると言える。そのような組織に学術会議の改革を検討させること自体、学術会議に対する不当な介入であると言わねばならない。

ＣＳＴＩ「取りまとめ」

ＣＳＴＩ有識者懇談会は、有識者議員及び学術会議会長たる議員8人で構成され、座長は、上山隆大・元政策研究大学院大教授――安倍政権時代から重用されてきた人物――が務めるが、この問題に関しては、梶田会長は、構成メンバーとはならず、学術会議の現状に関する見解や資料の説明者、いわばオブザーバーとしての参加にとどまった。

ＣＳＴＩ有識者懇談会は、前記のとおり「取りまとめ」を公表した。その結論のうち、気になる部分を抜粋し、紹介しておくこととする。

① 科学的助言については、社会の重要な諸問題に関する中長期的、俯瞰的分野横断的な観点からの学術的知見の提示に対するニーズが高まる中、テーマ設定から発出後のフォローアップまで、ステークホルダー（政策立案者、産業界、報道機関、市民等）と十分に意見交換を重ねていくことが強く求められている。

② 科学技術の発展や経済社会の変化に伴い、中長期的・俯瞰的分野横断的な課題への対応が重要性を増しつつあること、そのためには、そのような視点から活動できるような会員がバランスよく選考されることが重要であることなど、学術会議の役割・機能の方向性については、学術会議の考えと基本的には大きな相違はなかった。しかしながら、改革のフレームや時間軸についての考え方や具体的な進め方などについては、必ずしも一致を見ていない。

③ 緊急的課題や中長期的、俯瞰的分野横断的な課題に関する政策立案者等への時宜を得た科学的助言や社会からの要請への対応という観点からは、現在の設置形態が最適なものであるという確証は得られていない。

④今後、政府において、学術会議の在り方についての方針を示していくにあたっては、学術会議が本来発揮すべき役割を果たし、国民に理解され信頼される存在で在り続けるようにという観点から、本取りまとめを含む政策討議などの一連の議論、学術会議報告及びこれに基づく自己改革の進捗状況等を踏まえ、意思決定や活動の機動性・弾力性、財政基盤、事務局機能など議論の過程で取り上げられた論点、設置形態に関して考えられる選択肢などについて、各国アカデミーの制度や運用状況も十分に参考にしつつ、総合的な検討が行われることを希望する。設置形態についても、既存のリソースや組織体制を前提とするのではなく、学術会議が国民から求められる役割・機能は何か、それを最大限に発揮するためにはどのような在り方が最適かという観点から、他の論点とともに検討が深められることを希望する。

①では政策立案者や産業界との連携の必要性を指摘し、②では学術会議の最終報告について、そこで示された改革課題とその迅速性について疑問を提起し、③では、国の機関としての現在の設置形態に疑義を提起し、そして④で政府に検討課題を提起し、学術会議改革をリードすることを求めているのである。

「取りまとめ」が何を狙っているか、そのスタンスはどこにあるか明確である。

(4) 内閣府「日本学術会議の在り方についての方針」

内閣府は、2022年12月6日、「日本学術会議の在り方についての方針」（以下「内閣府方針」という）を作成・公表した。

「内閣府方針」は、その冒頭で、学術会議の「最終報告」、ＣＳＴＩ有志議員懇談会の「取りまとめ」を踏まえ、「日本学術会議が国民から理解され信頼される存在であり続けるためにはどのような役割・機能が発揮されるべきかという観点から検討を進めてきた」と述べている。しかし、以下の記述を読むと、学術会議の「最終報告」は無視し、ＣＳＴＩ有識者懇談会の「取りまとめ」を重視して、検討したものとしか思えない。

「内閣府方針」は、前文部分で、学術会議改革の関連法案をできるだけ早期に国会に提出することを打ち出しているのであるが、その法案では、学術会議の設置形態については国の機関として存置するとしつつ「政府等と問題意識や時間軸等を共有しつつ、中長期的・俯瞰的分野横断的な課題に関する時宜を得た質の高い科学的助言を行う機能等を抜本的に強化することとし、活動や運営の徹底した透明化・ガバナンス機能の迅速かつ徹底的な強化を図るため」必要な措置を講じるとの方針を示している。これにはいくつかの問題がある。

第一は、国の機関として存置することに積極的意義づけが何らなされていないことである。むしろ最後の部分で「関連法の施行後３年及び６年を目途として、本方針に基づく日本学術会議の改革の進捗状況、活動や運営の状況等を勘案しつつ、より良い機能発揮のための設置形態及び組織体制の在り方等について検討を加え、必要があると認められるときは、国とは別の法人格を有する独立した組織とすることも含め、最適の設置形態となるよう所要の措置を講ずる」としているところにその真意があると考えるのは、けっして邪推とは言えないだろう。国の機関としての存置は、消極的、暫定的な措置に過ぎないのである。「内閣府方針」はこの意味で学術会議を国の機関からはずすためのモラトリアムであると見ることができ、ＣＳＴＩ有識者懇談会の「取りまとめ」が提起した国の機関として存置することに対する疑義、消極評価を一歩進めている。

第二は、右に引用した前文部分にも「政府等と問題意識や時間軸を共有しつつ」という言葉が用いられているが、法案化を検討する具体的な措置の中でも、この言葉が繰り返し用いられていることである。政府等の中には産業界も含まれるのだろう。これもＣＳＴＩ有識者議員懇談会「取りまとめ」の提言を尊重したものであるが、学術会議が政府のみならずあらゆる社会勢力からも独立、自主性を確保されなければならないこと、学術会議は一般の政府審議会とは異なり科学者コミュニティの代表機関であり、「科学の向上発達を図り、行政、産業及び国民生活に科学を反映浸透させることを目的」とする組織である（日学法第２条）ことなどに鑑み、不当であり不適切である。

第三は、会員選考に会員外の第三者の参画などにより透明性の高い厳格な選考プロセスを確保し、内閣総理大臣による任命が適正円滑に行われるようにするとしていることである。これは会員選出に関する学術会議の自律性を奪うものであり、かつ今回の任命拒否をうやむやにし、その正当化をはかろうとするものである。

第四は、外部評価対応委員会の機能を強化して、学術会議の活動及び運営の評価・検証を行うとしていることである。これでは学術会議の独立、自主性は確保できない。

このような「内閣府方針」は撤回されなければならない。

4　最後に

学術会議「最終報告」は前文で以下のように述べている。

多くの先進国には国を代表するアカデミーが存在し、時々の政権や政治的・社会的・宗教的諸勢力からの独立性を保ちながら、科学的な見地から問題の発見と解決法を提示したり、社会の未来像を提言したり、国際的な連携活動を通じて科学の共通認識を形成したりしています。近現代の国家は、学術のこのような機能を制度的に保障するためにアカデミーを設置し、各国を代表して科学の共通の言葉に支えられたグローバルな観点から人類の福祉に貢献する国際的な役割を期待していま す。

学術会議もこのようなアカデミーである。

学術会議は、「最終報告」で、このようなアカデミーとしての役割を誠実に果たすために、①学術的に国を代表する機関としての地位、②そのための公的資格の付与、③国家財政支出による安定した財政基盤、④活動面での政府からの独立、⑤会員選考における自主性・独立性をあげ、その役割を、独立性、自主性、会員選考の自律性の5要件を満たす必要があるとし、そのための設置形態を検討した上で、現状どおり国の機関であることが望ましいとの結論を出している。

これに対し、「内閣府方針」は、④、⑤に焦点をあてている。④に関しては、政府等（「等」の中には産業界を含むのだろう）と問題意識や時間軸を共有できる――同じ問題意識を持ち、同じように対応する――ようにならなければならないと述べる。⑤に関しては第三者の関与や内閣総理大臣による任命の円滑適正な行使ということを強調する。これは、要するに④、⑤を婉曲に否定していることになる。「内閣府方針」は、結局、学術会議を国の機関からはずすこと、そして学術会議を大学法人化以後の国立大学の如く資金獲得のための競争原理・成果主義に立たせることを目論んでいるのだ。その目論見どおりとなれば、学術会議は政府、産業界に奉仕する組織へと変質させられることになる。

第1章で述べたとおり「日本学術会議は、科学が文化国家の基礎であるという確信に立って、科学者の総意の下に、わが国の平和的復興、人類社会の福祉に貢献し、世界の学界と提携して学術の進歩に寄与することを使命とし、ここに設立される」と定める日学法前文は、科学者の総意として、文化国家・平和国家建設を高らかに謳いあげた日本国憲法を学問・研究の分野で具体的に生かし、実践することを宣言したものであり、学術会議設立の精神は、まさにここに凝縮されている。学術会議は、この設立の精神に基づき、軍事目的の研究に厳しい姿勢を示し続けてきたし、現に続けている。そのことは第6章で詳述したとおりである。

その章の5において、安倍政権下で、２０１３年12月に策定された「国家安全保障戦略」の内容を紹介し、それ以前の「国防の基本方針」と比べて「国家安全保障戦略」は、国際協調・国連中心主義・国際平和にかえて国益重視、米国との軍事同盟の強化、軍事力（抑止力）重視、という方向を鮮明にしていること、及び安全保障、国防の観点から産学官（軍）の共同を推進することを宣言していることを指摘した。
２０２２年12月、その「国家安全保障戦略」が改訂された。改訂「国家安全保障戦略」は新たに反撃能力保有することを宣言し、以下のように述べている。

この反撃能力とは、我が国に対する武力攻撃が発生し、その手段として弾道ミサイル等による攻撃が行われた場合、武力の行使の三要件に基づき、そのような攻撃を防ぐのにやむを得ない必要最小限度の自衛の措置として、相手の領域において、我が国が有効な反撃を加えることを可能とする、スタンド・オフ防衛能力等を活用した自衛隊の能力をいう。こうした有効な反撃を加える能力を持つことにより、武力攻撃そのものを抑止する。

こうしてわが国は、軍備拡大と抑止力向上という悪魔のサイクルに入り込もうとしている。ますます最先端の防衛装備（兵器）の開発に科学者を動員することが必要になる。政府にとっては学術会議が今のままでは困るのだ。
しかし、筆者は、わが国が憲法９条の平和主義に徹することを願っている。だから学術会議には、今のままでどおり存在し続け、設立の精神を守り、より一層広く、充実した活動がなされることを望む。

****

参考⑥「ただの戦争放棄」と「特別の戦争放棄」――加藤典洋『9条入門』を読む

文芸評論家・故加藤典洋氏の遺作となった『9条入門』（創元社「戦後発見」双書⑧）を読んでみた。専門外の文献を読み込み、憲法9条に対するご自身の考えを、きわめて論理的に示されたことには、敬意を表したいと思う。しかし、私には同意しがたいところがある。

① パリ不戦条約・国連憲章第51条・相互主義

加藤氏は、「特別の戦争放棄」と「ただの戦争放棄」とに区分けし、その区分けを前提に各方面に論理を展開しているが、私には無理があるのではないかと思われてならない。

加藤氏は、「特別の戦争放棄」とは自衛であろうがなんであろうが全ての戦争を放棄することであると言う。では加藤氏は、「ただの戦争放棄」としてどんなものを考えているのであろうか。

加藤氏は、「ただの戦争放棄」とはパリ不戦条約、あるいはそれを継承した（と加藤氏が言う）国連憲章第51条などに見られる自衛のための戦争や武力行使を留保するタイプ、もしくは相互主義を条件として自衛のための戦争や武力行使まで放棄するタイプであると言っている。

パリ不戦条約

そこでまずパリ不戦条約について検討することとする。これは、1928年、アメリカの国務長官ケロッグ、フランスの外務大臣ブリアンの提唱で、締結された国際条約で、これは本文として以下の2箇条を定めるに過ぎない至ってシンプルな条約である。

第1条　締約国は国家間の紛争の解決のために戦争に訴えることを非とし、かつ締約国相互の関係において、国家政策の手段としての戦争を放棄することを、各々の人民の名で厳粛に宣言する。

第2条　締約国は、締約国相互の間に起こる全ての争議または紛争は、その性質又は原因の如何を問わず、平和的手段以外の方法で処理または解決を求めないことを約束する。

第1条に、「国家間の紛争の解決のため」とか「国家政策の手段として」とかの語句があることをとらえて、パリ不戦条約は、自衛戦争を放棄・禁止するものではないと国際法学者の多くは説明し、広く一般にそのように理解されている。しかし、第2条には、「全ての争議または紛争を、性質、原因の如何を問わず、平和的手段以外の方法で処理または解決を求めない」と書かれている。このことから次のように言える。パリ不戦条約は、本来的には、全ての戦争を違法化することを目的としていたのであり、決して「ただの戦争放棄」の取り決めではなかったのだと（田岡良一『国際法上の自衛権』勁草書房157頁以下参照）。

ところが、各締約国は、この条約批准に際し、それぞれ一方的に、「自衛権の行使を留保する」

との趣旨を明示した交換公文を差し入れ、自衛権を行使するとの条件で批准をしたのだから自衛権は行使できるとした。そうしてパリ不戦時条約批准後も、諸国は、自衛という名分をたてて戦争や武力行使に突っ走ることになった。第二次世界大戦はその結末であった。

それはパリ不戦条約が「ただの戦争放棄」の取り決めだったからではなく、諸国がパリ不戦条約を捻じ曲げたり、遵守しようとしなかったりしたからである。

国連憲章第51条

それでは、国連憲章第51条はどうだろうか。同条成立過程はとても複雑で錯綜しているが、深入りせずごく簡略に説明する。第二次世界大戦初期の1941年8月、ルーズベルトとチャーチルが大西洋憲章に合意したが、その第8項目に採り入れられた「武力行使廃止、軍縮、一般的安全保障体制樹立」の理想は、大戦末期の1944年10月、米、英、ソ、中4カ国の間で合意され、公表されたダンバートン・オークス提案に具体化された。それは連合国が主体となって永久平和を志向する包括的国際機構（以下単に「国連」という）を組織し、加盟諸国に対し武力不行使の原則を承認させることにより、国際紛争を国連の安全保障理事会の下で、一元的にかつ国連軍の「強力」を背景に解決するという集団安全保障の制度・仕組みを呈示していた。

しかし、1945年6月に召集された国連憲章の制定のためのサンフランシスコ会議において、次第に対立を深める米ソの思惑とこれに起因する小国の不安が交錯する中で、集団的安全保障とはあいいれない国連憲章第51条が採択されてしまったのである。

国連憲章第51条は、加盟諸国に自衛のための武力行使を認める点において、加盟国個々の武力行使禁止原則を定める第2条4項と相反しており、国連による集団的安全保障構想の失敗を象徴する条項である。この条項は、個別的自衛権だけではなく集団的自衛権をも明記しており、「戦争放棄」条項には値しない。

相互主義

次に、加藤氏のいう相互主義であるが、加藤氏が相互主義を条件とする「戦争放棄」条項としてどんなものを考えているかといえば、イタリアやドイツの憲法のように国際法の枠組みの中で戦争や武力行使という国家主権の行使を制限する行き方だと述べている。論より証拠、実際にこれらの国の憲法の関係条文を見てみよう。

・イタリア憲法

第11条　イタリアは、他人民の自由に対する攻撃の手段としての戦争及び国際紛争を解決する手段としての戦争を放棄する。国家間の平和と正義を保障する体制に必要ならば、他の国々と同等の条件の下で、主権の制限に同意する。この目的を持つ国際組織を促進し支援する。

・ドイツ憲法（ボン基本法）

第24条1項　連邦は、法律によって主権的権利を国際機関に委譲することができる。

2項　連邦は、平和を維持するために、相互集団安全保障制度に加入することができる。その場合、連邦は、ヨーロッパ及び世界諸国民間に平和的で永続的な秩序をもたらし、かつ確保するような主権的権利の制限に同意する。

3項　国際紛争を規律するために、連邦は、一般的、包括的、義務的、国際仲裁裁判に関する協定に加入する。

第26条1項　諸国民の平和的共存を疎外するおそれがあり、かつこのような意図でなされた行為、とくに侵略戦争の遂行を準備する行為は、違憲である。これらの行為は処罰される。

これらを読むと、イタリアやドイツでは、自衛のための戦争及び武力行使を留保していること、それは国際的な集団的安全保障の枠組みの中で、国際機関に移譲したり、制限したりすることができる定めになっていることがわかる。しかし、私には、どうしてこれをもって相互保証を条件とする「戦争放棄」条項だなどとわざわざ言う必要があるのかよくわからない。国際条約で、集団安全保障体制に加わるなら、その定めに従うことは当然のこと、それによる以外に戦争や武力行使に訴えることは許されないことになる。憲法で、そのことを定めていようがいまいが、国家はそのような条約を締結することができるし、それを定めたからと言って、なにか特別な意味が付け加えられるわけではない。

要するに、イタリアもドイツも、イタリア憲法やボン基本法の下では、自衛のための戦争や武力行使ができるというに過ぎず、わざわざ相互主義を条件とする「戦争放棄」だなどと言う必要はないと思われる。

私が考える「戦争放棄」条項とは、自衛のものを含めて一切の戦争や武力行使を放棄することを定めた条項である。自衛のための戦争や武力行使のみを認めるのは、ごくごく普通のことで、現在の世界のどの国もそういう建前をとっており、普通の国の世界標準である。それをわざわざ「戦争放棄」条項を持つ国とは言わない。

② 元GHQ民政局次長ケーディスは「ただの戦争放棄条項」にしようとしたのか

右に述べたように「ただの戦争放棄」、「特別の戦争放棄」の区分け自体に疑問があるが、もう少し加藤氏の論を追ってみたい。

マッカーサー三原則とGHQ草案

1946年2月3日に、マッカーサーは、GHQ民政局長ホイットニーに新憲法制定のためのガイドラインを提示し、民政局において草案作成作業をし、日本政府に草案を交付することを指示した。そのガイドラインを、マッカーサー三原則と呼びならわしているが、そのマッカーサー三原則の第2原則は以下のとおりであった。

① 国家の主権としての戦争は廃止される。日本は、紛争解決の手段としての戦争のみならず、

自国の安全を維持する手段としての戦争も放棄する。日本は、その防衛と保護を、今や世界を動かしつつある崇高な理想に信頼する。

② 日本が陸海空軍を保有することは、将来ともに許可されることがなく、日本軍に交戦権が与えられることもない。

これは、加藤氏の論に従えば「特別の戦争放棄」にあたることは明らかである。これに対し、ケーディス次長が率いるGHQ民政局の憲法案起草チームが作成し、マッカーサーの承認を得て、同月13日に日本政府に交付されたGHQ草案では、次のように改められていた。

① 国民の一主権としての戦争はこれを廃止する。他の国民との紛争解決の手段としての武力の威嚇又は使用は永久にこれを廃棄する。

② 陸軍、海軍、空軍又はその他の戦力は保有さることは許されない。交戦権は授与されない。

ケーディスの説明について

ケーディスは、GHQ草案作成から46年以上経過した1992年11月、『日本国憲法を生んだ密室の九日間』（創元社）の著者、鈴木昭典氏のインタビューに応じて、このように改めたのは「どんな国も自分の国を守る権利がある」、「自分の国が攻撃されているのに防衛できないというのは非現実的だ」と考えたからだと説明した。加藤氏はこのケーディスの説明に基づいて、ケーディスは、故意に、全ての戦争、全ての武力行使を否定する「特別の戦争放棄」条項から自衛のための戦争や武力行使を認める「ただの戦争放棄」条項に変えたのだと断じている。

加藤氏は、さらに敷衍して以下のように述べる。

ＧＨＱ草案の当該条項は、ほんとうは「ただの戦争放棄」条項であった。また1946年4月17日に発表され、枢密院の審議を経て第90帝国議会に提出された「帝国憲法改正草案」の当該条項も、以下のとおりであり、それは「ただの戦争放棄」条項であった。

① 国の主権の発動たる戦争と、武力による威嚇又は武力の行使は、他国との間の紛争の解決の手段としては、永久にこれを抛棄する。

② 陸海空軍その他の戦力は、これを保持してはならない。国の交戦権は、これを認めない。

それなのに当時の日本政府は、それを「特別の戦争放棄」条項だと強調し続け、議会でも「特別の戦争放棄」条項であることを前提として審議が進められた。制定後は、国民も9条を「特別の戦争放棄条項」として、敗戦後のわが国がめざすべき理想として熱烈に支持することになった。

政府当局者や保守派議員は、天皇の安泰を確保しようという現実的な動機が強く働いたのだろう。国民は、現人神と信じ、精神のよりどころであった天皇像が、マッカーサーと並んで撮られた写真の天皇、人間宣言をした天皇、敗戦後もその地位にしがみつき何らの責任もとろうとしない天皇を見て瓦解し、彼が何の変哲もない卑小な人間であることを知った喪失感を埋め合わせるもの、心の中で失われた国体の空虚を満たすものとして9条の理想を熱烈歓迎したのだろう。一方、マッカーサーは、日本の非軍事化を保障することにより天皇を守るための方便として、また輝かしい理想主義的平和憲法を日本に成立させたことを引っ提げて、次期大統領選に臨むべく、敢えてこうした状況を利用したのだろう。

このような加藤氏の主張は果たして成功しているだろうか。

GHQ草案の第1項を自衛のための戦争や武力行使をも放棄するものと解し得るかどうかは争いがある。確かにそれらを放棄しているわけではないと解する余地はある。しかし、「紛争の解決の手段としては」という文言には自衛の措置を講じなければならない事態も含み、第1項は自衛のための戦争や武力行使をも放棄する趣旨だと解する余地もある。私が後者の立場であることはパリ不戦条約の解釈で述べたところからおわかりだろう。しかし、その点は結論を留保するとしても第2項により一切の戦争、武力行使が不可能となるのであるから、結局は自衛のための戦争や武力行使をも放棄することになると解されることになる。また第90帝国議会に提出された憲法改正案についても然りである。

9条についての日米双方の政府解釈が変わり、国際情勢がすっかり変わってしまった後のケーディスの言い訳的な説明を、私は額面通りに受け入れることはできない。

前にも述べたが、自衛のための戦争や武力行使を留保する「ただの戦争放棄」なんて、どこの国も掲げており、ただのであろうがなんであろうがそんなものを憲法に定めても「戦争放棄」条項とは呼ばない。

加藤氏の文芸評論家としてのたくましい想像力と分析力に感心しつつも、私はそれには同意しない。

③ 加藤氏は「9条幣原発案説」をどう考えたか

「9条幣原発案説」

最近、歴史学者の笠原十九司氏が、『憲法九条と幣原喜重郎　日本国憲法の原点の解明』（大月書店）で、1920年代から30年代初頭までの幣原外交を詳細に検討し、その再評価をするとともに、敗戦直後からの経過も丹念に追うことにより、9条は幣原の発案になるものとの説（以下「9条幣原発案説」）を論証している。

同書は2020年4月に刊行されたが、その少し前2018年8月には、近現代国際政治史の研究者大越哲仁氏も『マッカーサーと幣原総理　憲法九条の発案者はどちらか』（大学教育出版）を著わしたが、その中で、笠原氏とは異なる角度、論点を提示し、「9条幣原発案説」を強く推している。

さらにそれより遡ること約2年、雑誌『世界』2016年5月号に、教育学の重鎮堀尾輝久氏が

『憲法九条と幣原喜重郎』という論文を発表した。その中で、堀尾氏は、１９５７年、内閣に設置された憲法調査会の高柳信三会長が、９条制定経緯を解明する目的で、マッカーサーに出した質問とそれに対する回答を綴った往復書簡の原本を発見し、「９条幣原発案説」を論証している。

憲法学者で「９条幣原発案説」を最初に唱えたのは北大法学部教授であった憲法学者の深瀬忠一氏ではないかと思われる（『戦争放棄と平和的生存権』岩波書店）が、概念法学的傾向の強い憲法学者の中では、これに賛同し、支持する人はほとんどいなかった。最近の活況を見ると、深瀬氏もさぞかし草葉の陰から喜んでおられることだろう。

「９条幣原発案説」は支持できる

『昭和天皇実録』第10巻中の「昭和21年１月25日」の項に、昭和天皇は幣原から「昨日聯合国最高司令官ダグラス・マッカーサーと会見し、天皇制維持の必要、及び戦争放棄等につき懇談を行った」旨の奏上を受けたと記されている。残念ながら懇談の具体的内容には触れられていない。宮内庁はそのときの奏上内容を記載したメモを保管しているはずだからぜひ公開してもらいたいものだ。それが公開されれば、１９４６年１月24日の幣原・マッカーサー会談で具体的どのようなことが話し合われたのかということをめぐる戦後史の一つの謎は解明されることだろう。残念ながら、現時点では、マッカーサーの証言などや幣原からの伝聞に基づいて、合理的に推認するほかはない。

マッカーサーの証言は、1951年5月5日・上院軍事・外交合同委員会の公聴会でなされたものが最初のものである。

日本人は、彼ら自身の意志によって、戦争を非合法とする規定を憲法に書き込んだ。（幣原はこう言った）「私は長い間この問題を解決する唯一の方法は戦争をなくすことであるし、信じもしていた、私はこの問題を軍人たるあなたに提議することには大いに躊躇した。……しかし私は現在我々が起草しつつある憲法のうちにかかる規定をもうけることに努力したい」（私は感激して思わず立ち上がり、握手しながらこう述べた）「それこそ能うかぎり最大の建設的措置の一つであると思う」

マッカーサーのこの証言は、その後度々繰り返されるが、言いまわしはともかく、基本部分にブレはない。

幣原からの伝聞は、葉室メモと称されるものと平野三郎録取書（『日本国憲法 9条に込められた魂』鉄筆文庫所収）がある。それらには、9条を永久的な規定とすること、及び天皇を名目的存在、シンボルとし、象徴天皇制として規定することは、諸外国の理解が得られる一石二鳥の名案であるとして幣原が提起したこと、そして当時の政治状況から敢えてマッカーサーに進言し、命令として出してもらう形をとったこと、などが語られている。

かつて日本外交の責任者として幣原外交を推進した幣原の外交姿勢、平和主義、右翼・軍部からの迫害、敗戦直後からの言動など幣原の実績・経歴等や敗戦直後から１９４６年２月ころまでの政治状況を検討した結果、私も、「９条幣原発案説」は、採用できると判断している。

加藤氏による「９条幣原発案説」の見立て

さて加藤氏も、本書で、「９条幣原発案説」を取り上げている。加藤氏は、日本国憲法は、GHQが、言い換えればマッカーサーが、ポツダム宣言から逸脱し、連合国はもちろんアメリカ本国をも出し抜いて、日本に押し付けたものだという基本的な認識をもとに、９条はマッカーサー発案になるものという見解をとっている。

加藤氏は、私があげた前記の如き諸資料により、１９４６年１月24日、幣原・マッカーサー会談において、「戦争放棄の話題が幣原の口から出たとしても不思議ではありません」と述べている。そこで自説のマッカーサー発案になるものという見解とどう折り合いをつけるか……。加藤氏は次のように言う。

（幣原が口にしたのは、世界中がそうなればという意味、言い換えれば相互主義の条件付きの）「ただの戦争放棄」関わる話だった。……幣原は、「ただの戦争放棄」について話したのですが、マッカーサーにかかると、そこに脚色が加えられ、「徹底した未曾有の戦争放棄」の憲法への書き込み、と言う提案になる。その時点で、意味が大きく変わってしまうのです。

しかし、加藤氏の言う「ただの戦争放棄」なるものは、どこの国でもごくあたりまえのこととなっており、幣原がわざわざそんな毒にも薬にもならないことをマッカーサーに話したとは到底考えられない。

④ 護憲的改憲案を批判する

ほとばしり出た平和への願い

加藤氏の本を読んでいて、途中で何度も感じたことは、アジア・太平洋戦争で2000万人を優に超す犠牲者がもたらされたこと、わが国にも3１0万人ともいわれる膨大な犠牲者がもたらされたこと、それらの犠牲者の倍するであろう心身に傷を受けた人々、死の恐怖を味わい、肉親の死に心を切り裂かれ、飢餓線上の生活を強いられた人々がいたこと、こうしたことが自存自衛の戦争だとして正当化されていたこと、などについて、加藤氏はどう考えているのだろうかということだった。

日本国民はもちろん、政治リーダーでも心ある人たちは、敗戦直後からこうしたことを考え、反省し、そして平和を希求する思いをつのらせ、それが行動変容をもたらし、9条への滔々たる底流となったのではないだろうか。幣原・マッカーサー会談における幣原の「戦争放棄」の提案とそれを受けたマッカーサー三原則の戦争放棄条項は、その底流を受けとめたものであったのではないだろうか。

9条は、マッカーサーの策略により押し付けられたものだ、日本国民は現人神ヒロヒトに幻滅し、心の中で失われた国体の空虚を満たすものとして実像とは異なる9条の理想を信じ込み、熱烈に支持したのだ、政治リーダーは天皇の安泰のために9条の実像とは異なる理想を叫びたてたのだ。加藤氏はこのように言うのであるが、これは当時の地平に立って考えたのではないように思われる。

護憲的改憲案

加藤氏は、国際政治学者の伊勢崎賢治氏の次のような9条改憲案を高く評価している。「本来の9条の復元型」に近いものである、と。

①国際連合憲章を基調とする集団安全保障（グローバル・コモンズ）を誠実に希求する。

②前項の行動において想定される国際紛争を解決にあたっては、その手段として、一切の武力による威嚇又は武力の行使を永久に放棄する。

③自衛の権利は、国際連合憲章（51条）の規定に限定し、個別的自衛権のみを行使し、集団的自衛権は行使しない。

④前項の個別的自衛権を行使するため、陸海空の自衛戦力を保持し、民主主義体制下で行動する軍事組織にあるべき厳格な特別法によってこれを統制する。個別的自衛権の行使は、日本

の施政下の領域に限定する。

戦後の焼け野原の中で、戦争の惨禍が日常生活を覆い、国民はもちろん、政治リーダーも心ある人たちは、真に平和を希求していた当時、しかも未だ国際協調体制が瓦解しておらず、創設されたばかりの国連による世界平和の実現が現実味を持っていた時期につくられた9条が、全ての戦争を放棄する絶対的平和条項であったことは間違いないところだろう。それに対し、上記の改憲案こそ「本来の9条の復元型」だなどと言って憚らない加藤氏は、やはり現在の地平に立って見ているとしか私には思えない。

ところでこの改憲案、「個別的自衛権」を「自衛権」とすれば9条加憲を唱える安倍晋三首相が提起した改憲案とどこも違わない。さらに政府・与党は、集団的自衛権の行使である存立危機事態における武力行使を、「個別的自衛権」だと説明していたことを思い起こしてみよう。

伊勢崎氏は、今のまま自衛隊が他国軍とともに国際平和協力活動等に派遣され、武力紛争に巻き込まれた場合に国際人道法に基づく国内刑罰法令がなく、ジェノサイドやヘイトクライムなど軍の組織犯罪を処罰できず、現場の自衛官に全て罪がなすりつけられてしまう、これを防ぐには上記のような改憲が必要だと述べている。それならまずは国際平和協力活動等への派遣は、9条の下では許されないということを言うべきだろう。仮にそうでなくても9条改憲問題とは切り離して、当面の対応策として特別法を設けることにより解決を図ることもできる。護憲的改憲など必要はないのだ。いや必要がないどころか護憲的改憲案の提起は自民党改憲案による改憲への呼び水にしかならない。

話を加藤氏に戻すが、結局、加藤氏は9条の意義、価値を貶めているに過ぎないのではないだろうか。故人の著書を批判するのは気が重いが、本書は多くの読者を得ているようであるから、あえて批判をさせていただいた次第である。

＊＊＊＊＊＊＊＊＊＊＊＊＊＊＊＊＊＊＊＊＊＊＊＊＊＊＊＊＊

あとがき

本書冒頭の「はじめに」で、「任命拒否後、時日の経過とともに、当事者や学術会議関係者、一部の熱心な人々を除いては、次第に人々の関心が薄れ、忘れ去られていった。日々新たな事件が発生する日常にあって、それもいたしかたないことかもしれない」と書いたが、心底そう思ったわけではない。人々の関心が学術会議問題から離れて行くことをジリジリした思いで見ていたのが本当のところだ。そして、ショートショートで書いたS田副長官の「なに、問題がおこれば学術会議はこんなにけしからん組織だ、とネガティブ・キャンペーンをやれば、政治に無関心で、愚かな国民は、すぐ黙り込んでしまうでしょう。国民なんてなんとでもなるのです」という発言のごとくシニカルな目で眺めていた。

２０２２年12月６日発表された「内閣府方針」が、学術会議の独立性、自主性を奪う法案を国会に提出する方針を示したことにより、再び学術会議問題は政治問題、社会問題として浮上することになるだろう。

学術会議問題は学者・研究者の世界の問題だから彼らにまかせておけばよいというのは間違いだ。それはわが国の行く末に関わり、国民に直結する問題である。そのことをわかってもらうには、学者・研究者ならぬ一国民が、学術会議問題について一書を書いて世に問うのも悪くはないと思う。

学術会議問題は、学術会議が政府、産業界の思いどおりに動く存在になることを政府が断念するまで収束しない。長い持久戦になるだろう。

前著の『9条とウクライナ問題　試練に立つ護憲派の混迷を乗り超える』の時と同様、今回もあけび書房の岡林信一氏のお世話になったことを末尾ながら付記しておく。

2023年1月26日

深草 徹（ふかくさ とおる）

1946年6月28日生。1965年愛知県立旭丘高等学校、1969年東京大学法学部各卒業。鉄鋼会社勤務を経て1977年弁護士登録（兵庫県弁護士会）。国道43号線道路裁判、尼崎公害裁判、川崎重工配転拒否解雇裁判、三菱重工職業性難聴集団裁判、市立尼崎高校障害者入学拒否裁判など公害事件、労働事件、憲法が保障する基本的人権に関わる事件を多数担当。2018年弁護士リタイア。深草憲法問題研究室。九条の会．ひがしなだ共同代表世話人

著書・論文に、『９条とウクライナ問題 試練に立つ護憲派の混迷を乗り超えて』（あけび書房）、『戦後最悪の日韓関係 その責任は安倍政権にある』（かもがわ出版）、『「慰安婦」問題の解決 戦後補償への法的視座から』（花伝社）、「『９条加憲』は自衛隊を普通の軍隊とする一里塚」（季刊『人権問題』第51号・兵庫県人権問題研究所）、「独立国の矜持とは～外国軍隊の撤退を求めた明治政府～」（同第53・54号）など。

学術会議問題　科学を政治に従わせてはならない

2023年3月25日　第1刷発行 ©

著　者— 深草 徹

発行者— 岡林信一

発行所— あけび書房株式会社

〒167-0054 東京都杉並区松庵 3-39-13-103

☎ 03. 5888. 4142　FAX 03. 5888. 4448

info@akebishobo.com　https://akebishobo.com

印刷・製本／モリモト印刷

ISBN978-4-87154-230-2　c3031